武汉理工大学研究生教材专著资助建设项目资助

汽车碰撞拓扑优化及力流分析

田林雳　著

武汉理工大学出版社
·武 汉·

内 容 提 要

本书在汽车碰撞拓扑优化和结构力流分析领域研究进展和现状的基础上,介绍一套基于拓扑优化和力流分析的骨架式车身结构设计流程和评价方法。系统阐述基于等效静态载荷法,面向结构强度、结构刚度、碰撞问题的汽车车身结构拓扑优化设计方法;详细阐述车身结构力流分析模型的建立方法,车身结构静态工况力流仿真分析方法,车身结构碰撞工况力流仿真分析方法,骨架式车身结构力流试验分析方法,并基于力流分布和力流传递给出车身结构优化方案。

本书可作为从事汽车结构设计、汽车碰撞安全性分析、CAE分析的科研人员和工程技术人员的参考书籍,也可作为高等院校相关专业高年级本科生和研究生的教材。

图书在版编目(CIP)数据

汽车碰撞拓扑优化及力流分析/田林雳著. —武汉:武汉理工大学出版社, 2022.9

ISBN 978-7-5629-6628-9

Ⅰ.①汽… Ⅱ.①田… Ⅲ.①汽车试验 – 碰撞试验 – 研究 Ⅳ.①U467.1

中国版本图书馆 CIP 数据核字(2022)第 119557 号

项目负责人:陈军东   责 任 编 辑:陈军东
责 任 校 对:李正五   版 式 设 计:冯 睿
出 版 发 行:武汉理工大学出版社
地 址:武汉市洪山区珞狮路 122 号
邮 编:430070
网 址:http://www.wutp.com.cn
经 销 者:各地新华书店
印 刷 者:武汉市洪林印务有限公司
开 本:787×960 1/16
印 张:10
字 数:185 千字
版 次:2022 年 9 月第 1 版
印 次:2022 年 9 月第 1 次印刷
定 价:75.00 元

前　　言

　　现有的汽车结构设计方面专业书籍大多广泛而全面地介绍车身或汽车零部件的结构设计和计算方法,一本书涵盖了总布置设计、造型设计、空气动力学设计、可靠性设计、碰撞安全性设计、结构有限元计算等汽车结构设计领域内可能面临的所有课题。这样的书籍作为本科生的教科书或是入门书籍是非常好的,但这类书籍深度有限,可能很难直接指导工程技术人员开展具体的结构设计工作,例如:面向正碰安全性的车架结构设计或者考虑侧碰工况的车门框结构设计。

　　本书面向汽车概念设计阶段,重点围绕汽车碰撞安全性问题,介绍一套基于拓扑优化和力流分析的车身结构设计流程和评价方法,希望为读者在进行相关设计和研究工作时提供一定的借鉴和参考。笔者自 2011 年到同济大学汽车学院攻读博士学位起,便开始进行汽车结构设计方面的研究工作,随后来到武汉理工大学汽车工程学院,也一直在从事相关的教学和科研工作,对汽车碰撞安全性、汽车结构有限元分析方法、汽车结构优化设计方法和汽车结构力流分析方法进行了系统的研究。本书是这一时期科研成果和教学经验的总结。

　　全书共分为三部分。第一部分(第 1 章)简单阐述了汽车结构的发展现状、碰撞拓扑优化的研究现状和结构力流分析的研究现状,通过分析传统车身结构设计领域的不合理之处,指出将碰撞优化设计纳入结构概念设计阶段并将力流分析纳入汽车结构设计领域是未来的发展方向之一。

　　第二部分(第 2、3 章)详细介绍汽车结构碰撞拓扑优化设计基础理论知识,包括目前常用的混合元胞自动机法、等效静态载荷法和双向渐进优化法等,在此基础上,选择弯曲、转弯、制动和弯扭组合等四个典型静态工况以及正碰、侧碰、顶压和后碰等四个典型碰撞工况作为拓扑优化的载荷工况,重点介绍基于拓扑优化的多工况车身结构设计方法。

　　第三部分(第 4~6 章)详细介绍车身结构的力流分析方法,包括静态工况力流分析方法、碰撞工况力流分析方法以及力流试验分析方法。由于拓扑优化结果只包含路径信息，并不能很好地反映结构的承力状态与传递关系。因此有必要引入流的概念，车身结构力流分析方法有助于全面理解结构的传力路径和流量分配，可为车身结构设计提供迅速、直观、准确的理论依据和合理的改进措施。

　　本书的研究工作先后得到了国家重点基础研究发展计划（973 计划2011CB711203）、国家自然科学基金（51575399、52105271）和武汉理工大学自主创新研究基金项目等项目的支持和大力资助。笔者特别感谢武汉理工大学出版社在本书编辑出版的过程中给予的支持和帮助。

　　由于笔者的时间和水平有限，加之汽车结构、汽车设计的理论、方法和工程技术实践还在不断完善和发展，书中难免会有一些不妥之处，恳请广大读者不吝指正。

目　　录

1 绪 论

1.1 概 述

汽车车身是承受载荷和传递载荷的基本系统,车身结构的设计周期和成本将直接影响车型的市场价值,而车身结构设计的质量优劣则直接影响整车的寿命和各项性能[1, 2]。传统的车身基本采用压制钢板、点焊连接形成整体结构的方法生产,骨架式车身是一种新型的车身结构形式[3],这种车身直接由骨架和蒙皮组成,许多文献指出[4-6]:与传统车身结构相比,骨架式车身结构(Frame-type body structures)为更加合适的轻量化车身结构平台。

车身结构是轿车的承载基体,必须能够承受较重的驱动系统、转向系统等总成,还必须拥有足够的刚度、强度,能够合理地分散传递载荷,保证乘员的乘坐安全性,它是汽车碰撞事故中抵抗外界冲击、保证人员安全的最直接屏障(碰撞事故如图 1.1 所示)。虽然现有的汽车主动避撞系统在避免或减轻碰撞事故方面发挥了重要作用,但如何从车身设计角度提升被动安全性能仍旧是汽车设计领域最具挑战性的工程问题之一。

图 1.1 碰撞事故[7]

受限于计算方法和效率,早期关于车身结构碰撞安全性能的研究多是基于代理模型进行设计变量较少的尺寸形状优化[8, 9]。这导致在车身概念设计阶段,仅考虑结构的刚度、强度、质量等静态性能,在详细设计阶段才考虑碰撞安全性能这种动态非线性问题。而此时由于结构的拓扑形态已经固化,仅通过尺寸形状优化,以及材料替换等手段进行结构改进及优化,难以获得保护人员安全的车身结构,因而只能迭代修改拓扑结构,直接影响设计周期和后期汽车安全性能。

本书以骨架式车身结构为例,探讨碰撞拓扑优化和力流分析方面的车身设计工作,为建立车身结构的设计流程和评价方法提供不可或缺的参考。

1.2　　汽车结构的发展及现状

1.2.1　　车身结构的承载形式

轿车车身按照承载形式的不同,可以分为非承载式车身与承载式车身。非承载式车身是将发动机、悬架和转向系等其他部件均安装在车架上,车身通过悬置(橡胶软垫)也安装在车架上,图 1.2[10] 显示了非承载式车身的基本结构。针对非承载式车身是以车架作为承载主体这一特点,工程师们设计出多种多样的车架结构形式[11, 12, 13],包括梯形车架(Ladder frames)、脊梁式车架(Backbone chasis)、十字形车架(Cruciform frames)、扭转管骨架式车身(Torque tube backbone frames)等,图 1.3 和图 1.4 分别显示了十字形车架和梯形车架的结构形式。有一些电动车也会采用非承载式车身,通用早年推出的 Autonomy 氢燃料电池轿车和 Hy-wire 燃料电池轿车便是采用如图 1.5 所示的滑板式底盘[14]。

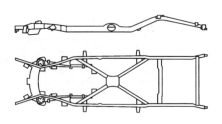

图 1.2　非承载式车身　　　　图 1.3　十字形车架的结构形式[11]

图 1.4 梯形车架的结构形式

图 1.5 滑板式底盘电动车

与非承载式车身不同,承载式轿车车身[11, 12, 13]是将车架的作用融入车身,这就意味着所有的承载功能全部集中在车身,发动机以及行驶系统的支点都在车身,这样整个车身都参与承载,具有整体刚度大、重量轻和整车高度低等优点,因此许多大批量生产的轿车都采取这种结构形式,如图 1.6 所示。

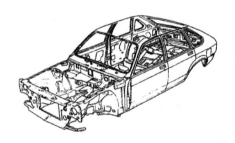
图 1.6 典型的承载式车身结构[11]

由于取消了车架,来自传动系统和悬架的振动和噪声将直接传递给车身,进而影响乘坐舒适性,这是全承载式车身最大的缺陷。部分轿车将发动机和形式系统通过副车架或辅助横梁与车身底架连接,该方法的优点在于能够较好地减振和具有模块化的结构形式。不同的车身匹配不同的副车架,图 1.7 显示了某副车架的结构形式[15]。

图 1.7 副车架的结构形式

1.2.2　骨架式车身研究进展

骨架式车身直接由骨架和蒙皮组成,而车身骨架通常是由型材通过接头连接组成,在保证结构刚度、强度的基础上具有一定的柔度。该结构的优点在于[16,17]:

(1)减少覆盖件的使用,降低了模具的设计制造成本;

(2)减少模具的设计制造环节,进而缩短了整车的开发周期;

(3)车身的骨架可采用高强度钢、镁合金冲压或液压成型,蒙皮部分可采用轻质合金薄高强度钢板、铝镁合金、塑料以及非金属复合材料;

(4)该车身结构选材灵活,可根据需要选择轻量化、环保型材料,降低油耗、减少污染。

目前,国内外已有许多新车型或是概念车全部或部分采用这种骨架式车身结构。其中,最具代表性的骨架式车身结构为奥迪公司的全铝空间框架车身(Audi Space Frame,ASF),如图 1.8 和图 1.9 所示。

图 1.8　奥迪 A8 的 ASF 车身骨架[18]　　**图 1.9　奥迪 A2 的 ASF 车身骨架**[19]

由于采用了挤压铝合金制成的 ASF 空间结构,奥迪 A8 的车身骨架质量为 249kg,而奥迪 A2 的骨架质量仅为 153kg[20],整个车身结构比传统车制轻了 40%。

1996 年,韩国大宇公司联合先进工程研究院(Institute for Advanced Engineering)设计的大宇电动车(DEV3)也是采用挤压铝合金制成骨架式车身[21,22],如图 1.10 所示。地板下面平铺一个铝制电池仓,电池仓四周有盒状梁,上下有封闭板,构成了一个刚度较大的夹层结构,将电瓶重量均匀分散到上下两层下车身结构的各个梁上,有利于支承较重的电池和实现车身结构轻量化。

2002 年,山东黑豹集团有限公司制造的"黑豹"电动汽车采用的就是骨架式车身[23],已通过了国家汽车质量监督检验中心 48 项安全检验,并通过了国内电动汽车第一次碰撞试验,如图 1.11。

图 1.10 大宇 DEV3 电动车
骨架式车身结构

图 1.11 "黑豹"电动车骨架式车身

2005 年,通用公司在 Autonomy 和 Hy-wire 燃料电池轿车之后开发的第三代燃料电池轿车——Chevrolet Sequel[24, 25]便不再采用滑板式底盘,而将上车身和下车身集成为一个整体,以铝合金空间结构作为承载主体,并集成夹层式地板结构作为驱动电池的安放空间,如图 1.12 所示。2007 年,Rinspeed 公司推出的一款采用乙醇燃料的微型跑车 eXasis[26],同样采用了骨架式车身加非金属覆盖件的车身结构,如图 1.13 所示。

图 1.12 Chevrolet Sequel 的铝合金
空间结构

图 1.13 Rinspeed eXasis 骨架式
车身结构

同济大学主持的国家 863"燃料电池轿车"项目试制的符合城市道路标准的微型电动车(图 1.14)亦采用了骨架式车身结构,并参加了 2007 年上海国际工业博览会的展出[27, 28]。

2010 年,上海奕代汽车技术有限公司设计了一种新型车身骨架[29],如图 1.15 所示。该车身骨架分为上部和下部车架两个模块,结构简单,质量轻,同时具有强度高和刚性大的优点,能同时满足现有微型汽车轻量化和加工工艺简单的要求。

图 1.14　燃料电池轿车骨架式车
身结构

图 1.15　"奕代"的骨架式车
身结构

　　奥迪公司于 2013 年推出了 R8 e-tron 纯电动跑车,其车身结构为复合材料空间框架结构(Multimaterial Space Frame),如图 1.16 所示。整个车身的承载主体还是铝合金框架(ASF),但 B 柱、座舱隔板、车尾以及车身覆盖件均采用碳纤维增强聚合物(carbon-fiber-reinforced polymer,CFRP)[30, 31]。

　　本田公司历经数十年的研发,推出的燃料电池车 FCX Clarity 也是采用整体增强式车身框架结构[32],并于 2016 年在北美上市[33],图 1.17 显示了 FCX Clarity 的白车身骨架。

图 1.16　奥迪 R8 e-tron 的复合
材料空间结构

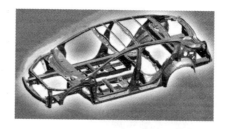

图 1.17　FCX Clarity 的整体增强式
空间结构

图 1.18　特斯拉 Model S 的 ASF 结构

　　此外,全尺寸高性能电动轿车特斯拉 Model S 也采用铝合金框架结构(ASF)作为其车身主体[34, 35, 36],如图 1.18 所示。B 柱采用高强钢增强乘员舱刚度,超过 7000 个圆柱状电池单体放在扁平的铝制电池仓内,平放在乘员舱下方,起到增强地板刚度的作用。

　　综合比较目前各大汽车厂商的研发,

许多全新研发的轿车车身开始采用骨架式车身作为整车的承载基体,特别是采用型材和接头组成的全承载式车身结构综合了全承载式车身和骨架式车身的优点,具有重心低、强度大、刚度高、质量轻、成本低以及制造工艺简单等优势,这样的骨架式车身是未来轿车车身结构的发展趋势。

1.3 碰撞拓扑优化研究现状

结构设计初期(概念设计阶段),在满足刚度、强度等结构性能的约束条件下,找到最佳的结构形式或是最优的材料分布是极其重要的。与尺寸优化、形状优化相比,拓扑优化的限制最少,优化空间更大,节约材料的效果更为明显,并且可以为设计人员提供全新的设计方案和最优的结构布局[37]。本节针对拓扑优化在车身结构设计领域内的应用进行综述。

1.3.1 车身结构拓扑优化研究现状

越来越多的汽车厂商和科研单位将拓扑优化技术应用于汽车设计中,重视拓扑优化在汽车结构设计,特别是车身结构设计领域内的应用。目前该技术已成为大型汽车企业在进行汽车轻量化和产品成本控制时不可或缺的一环。

20世纪90年代初,丰田公司的Junichi Fukushima等[38]便采用基于均匀化方法的拓扑优化技术对简化车架和发动机盖进行了探索性的研究。随后,Eric Sandgren等[39]采用遗传算法对行李箱盖进行离散结构拓扑优化,获得最优的支撑杆件分布。

福特公司的R. J. Yang等[40]人在1996年研究了拓扑优化的约束定义问题,指出拓扑优化以刚度最大化为约束要比以应力最小化为约束得到的结果更有实际应用价值。两年后,Chin-Jung Chen等[41]利用拓扑优化的手段,在保证转向管柱的NVH性能的约束条件下对仪表板进行结构优化,并最终实现制造成本降低三分之一。

千禧年之后,汽车行业的专家学者们对拓扑优化技术的应用逐步增多。2002年,Uwe Schramm等[42]利用拓扑优化技术在保证车身刚度的前提下减少白车身前纵梁的焊点数目。2003年,A. Gaeta等[43]应用拓扑优化手段对白车身侧围C柱与顶盖交会处的接头进行优化。同年,奥迪公司用拓扑优化方法对 A8 的车身和发动机进行了结构设计[44]。与此同时,李红建等[45]利用有限元方法,根据实际中零件所受的载荷约束等特点,对汽车发动机罩内外板进行了拓扑分析和设计,获得了钣金件最佳的结构和力学特性。

2002 年至 2004 年期间,密西根大学的 Zheng-Dong Ma 等[46]提出了一种多子域多步骤拓扑优化方法(Multi-Domain Multi-Step Topology Optimization Method,MMTO),对车身结构耐撞性拓扑优化进行了一系列探索性的研究[46-50]。该方法可以依据设计人员的经验或预期的碰撞模式,在设计初始阶段控制不同设计子域的材料数量分布,实现简化车架正碰工况下的分级分步优化。

自 2003 年至 2005 年,沃尔沃公司的 H. Fredricson 等[51, 52, 53]将白车身简化为带有柔性铰链的框架结构,并用离散拓扑优化的方法来寻找杆件和柔性接头的材料分布。随后,又深入研究框架结构拓扑优化中的联合惩罚与材料选择问题,提出了结构铰接惩罚及材料查实策略,引入两组设计变量,以轻量化作为目标,寻找到满足刚度要求的最优设计方案。

2006 年,杨志军等[54]建立了某型大客车车顶结构的拓扑优化模型,在多工况约束下对大客车车顶进行了拓扑优化,得到客车顶棚的合理布局,其结果证明该算法对客车顶棚结构的优化是合理的。同济大学的高云凯等分别对静态工况下的承载式车身[55]、骨架式车身[56]、镁合金车架[57]和大客车车身[58, 59]等白车身结构进行拓扑优化研究,说明了拓扑优化的工程应用价值。

日产公司的 Takashi Yamamoto 等[60]于 2007 年将拓扑优化纳入分级优化技术中,采用先拓扑优化后形状优化方法对某白车身前舱进行重新设计。在第一级优化过程中,出于计算效率的考虑,只进行考虑静态刚度的拓扑优化;在第二级优化中进行考虑静态刚度和模态频率的形状优化。同年 Wenjie Qin 等[61]将拓扑优化技术运用于电动拖拉机车架的结构设计中,并对局部危险区域进行形状优化,成功地实现车架刚强度的提升。

2008 年,本田公司的 Kishore K. Pydimarry 等[62]人对 HCA 方法在结构动态拓扑优化领域的应用做了探索性的研究。同年,Akira Yamaguchi 等[63]将拓扑优化方法运用于焊点布局优化中,研究结果显示,通过改变焊点布置的位置可以提高车身结构的刚度。Zhao Hongwei 等[64]将拓扑优化技术应用于混合动力电动车的车架结构设计领域。

Srinivasan Laxman 等[65]在 2009 年分别利用拓扑优化、尺寸优化和拓扑尺寸(topometry)优化方法对白车身结构进行静态工况的结构优化,研究结果显示拓扑优化比较适合设计初期对结构合理性的确定,而其余两种优化比较适合对现有结构的改进。

2010 年,扶原放等[66]采用线性加权方法将微型电动车车身结构多刚度优化问题转化为单一目标优化,并基于层次分析法提出了多工况权重比的计算方法,避免了由于设计者主观因素而造成的权重比偏差。同年,张鹏飞等[67]将碰撞工况转化为等效的线性工况,利用拓扑优化对车身进行重新设计,在相同质量下,大幅提升白车身模态、刚度、碰撞性能。

2011 年,Marco Cavazzuti 等[68]将拓扑优化技术引入高性能汽车底盘的设计中,通过拓扑优化确定结构的最优布置,利用拓扑尺寸(topometry)优化微调拓扑优化结果,依据尺寸优化确定每根杆件的最优尺寸。作者指出整个优化过程中仅考虑了弯曲工况、扭转工况、局部约束工况和线性等效的碰撞工况,虽然获得了性能良好的车架结构,但需要更进一步的碰撞和耐久性试验验证才能用于生产制造。同年,Paulo Reynaldo Calvo Alfaro 等[69]对某电动旅游观光车的底盘进行拓扑优化,获得一个经济、节能、占地空间小的最优电动三轮车车架结构。

同年,陈勇敢等[70]分别采用 Hypermesh 中的 OptiStruct 模块和 ANSYS 进行旨在缩减焊点数目的拓扑优化。结果表明:OptiStruct 模块能够有效地缩减白车身焊点数目,与 ANSYS 相比,对车身模态频率的影响较小,更适合用于焊点缩减的拓扑优化。同年,张守元等[71]对某轻型商用车车身模型进行焊点拓扑优化和板件厚度、焊点拓扑联合优化分析,优化结果可显著提高车身刚度、减轻车身质量,具有实际应用价值。

2011 年至 2012 年,Christensen 等[72,73,74]采用惯性释放法获取碰撞工况的载荷,对某混合动力汽车白车身进行了多个碰撞工况的拓扑优化,并深入研究了车顶压溃工况下的建模变动对混合动力汽车白车身的拓扑和质量的影响。

吴道俊等[75]于 2013 年直接将疲劳寿命作为约束条件,依据拓扑优化确定考虑疲劳寿命约束的支架材料合理分布,根据拓扑优化结果,考虑疲劳寿命和质量两个因素,对支架和与之相连的纵梁进行尺寸优化,优化后车架疲劳寿命显著提高。

2014 年,Fatih Kosar 等[76]对某重型载货车的横向稳定杆支架进行了基于疲劳耐久性的拓扑优化,优化后的结构比初始结构减重 25%,同时保持一个可以接受的疲劳寿命。同年,兰凤崇等[77]对某方程式赛车的车身结构进行综合目标的拓扑优化设计,提升了车身刚度和前 6 阶频率。

2015 年,Guan Zhou 等[78]利用拓扑优化技术寻找到白车身结构的局部薄弱处和过强处,通过增加加强筋、局部打孔、形状修整等局部微调,在基本保持结构质量的同时提升白车身性能,随后利用灵敏度分析和尺寸优化实现小型货车的车身轻量化。同年,一些学者[79,80,81]分别采用拓扑优化结合尺寸优化和形貌优化的技术对铝合金摇臂和铝合金仪表板横梁进行结构优化,取得一定效果。王国春等[82]将动态碰撞过程等效成一个静力载荷加载过程,利用拓扑优化对某 MPV 的白车身进行考虑多个碰撞工况和整体弯曲扭转刚度的结构设计。雷正保等[83]基于混合元胞自动机拓扑优化方法,对电动汽车车身进行碰撞相容性与正面碰撞安全性设计,确定合理的电动汽车车身布局。

2016 年,Prasad S. Mehta 等[84]人采用基于混合元胞自动机拓扑优化方法对车身结构进行拓扑优化,获得吸能高、侵入量小的骨架式车身结构,并采用 3D 打印技术获得由铝合金和 ABS 树脂组成的混合材料骨架式车身。同年,曹立波等[85]结合静态和动态拓扑优化方法对汽车前纵梁进行耐撞性设计。通过静态拓扑优化方法分别获得前纵梁在轴向刚度最大和侧向刚度最大时的结构形式,通过动态拓扑优化方法获得前纵梁具有最大吸能时的结构形式。

纵观拓扑优化技术在车身结构优化领域的发展,可以发现早期的优化问题多只考虑刚度、强度或是模态频率。实际上,非线性和动态效应存在于大多数工程实际问题中,应该在结构优化中考虑这两个特性,这对于强调碰撞安全性能的车身结构设计而言尤为重要。但是,对于结构非线性优化,其灵敏度的计算成本太高,而且时间域内复杂的瞬变特征难以处理,因此,关于动态非线性拓扑优化的研究工作处于刚刚起步阶段。

1.3.2　碰撞安全性拓扑优化研究现状

对于考虑碰撞工况的拓扑优化,现有的优化方法有惯性释放法(Inertia Relief Method,IRM)、基结构拓扑优化法[86,87]、混合元胞自动机法(Hybrid

Cellular Automata Method,HCA)和等效静态载荷法(Equivalent Static Load Method,ESL)等,其中 IRM 法、HCA 法和 ESL 法由于可以和现有的商业软件直接集成而有较广的工程应用,这三种方法各有优缺点和应用范围。

(1)IRM 法

相较于 HCA 法和 ESL 法,IRM 法是较早应用于耐撞性拓扑优化的方法。IRM 是一种近似求解动态载荷作用下结构内力的方法,其基本思想是通过惯性力和惯性加速度构造一个平衡力系,随后采用线性静态分析的方法计算结构性能。Nelson M F 等人[88]证实,只要计算时间、采样频率等计算参数设置合理,该方法是准确可行的。由于 IRM 法简单易行,一些学者[72,89]已将其应用于实际车型的耐撞性拓扑优化中。

IRM 法的优点在于不需要考虑动态分析和静态优化之间的模型转化,但该方法只是针对特定时刻的优化,而无法考虑整个时间历程上的碰撞性能。对于整车碰撞工况,一般期望整车碰撞加速度尽可能小以防止发生二次碰撞;同时必须控制车内空间的侵入量,以确保车内乘员的安全。而碰撞过程中的加速度、峰值力、位移量和结构内能等性能评价指标都是随时间变化的量,无法事先预知碰撞峰值力或是最大侵入量将发生在哪一时刻。而 IRM 法仅仅针对最大载荷下的碰撞状态进行优化,无法保证优化结构在整个碰撞过程中的变形和加速度等性能最优。此外,该方法优化结果的可应用性还取决于合适的碰撞优化时刻的选取,合理的外载荷的数目、大小以及位置等,十分考验工程师的经验。因此,该方法不太符合工程应用的发展前景。

(2)HCA 法

HCA 法是一种启发式算法,该方法最早是由 Andrés Tovar 和 Neal M. Patel 等人[90-93]结合有限元分析应用到耐撞性拓扑优化设计中。其优化目标为结构内能密度(IED)的均匀化,设计变量为每个单元的相对密度,优化的同时约束质量以保证制造成本。

其优化的基本思想[91]如下:将有限元模型映射到元胞自动机晶格上,使得每个单元对应一个元胞,一个元胞在某时刻的状态取决于上一时刻该元胞的状态及其相邻元胞的状态,根据各个元胞的特定状态可以确定各个单元的密度。拓扑空间内的元胞依照这样的局部规则,进行同步的状态更新,进而完成迭代优化过程。所有单元具有相同的初始密度,若某个元胞的内能密度小于目标值,单元密度减小;反之,单元密度增加。通过改变单元密度改变材料的属性和结构的刚度。如果某一单元密度小于阈值,则在这一步迭代过程中删除该单元。

目前,该方法已经集成到 LS-DYNA 的运行环境中,可以通过 LS-TaSC 软件[94]直接调用碰撞分析的有限元模型和 HCA 优化程序,因此不存在有限元计算和优化分析之间的数据转换过程,也可以节约大量的前后处理时间,这是该方法最大的优点。

此外,该方法的缺陷也十分明显。首先,HCA 算法的精确性和稳健性有待提高,现有研究结果表明[94]该方法一般需要经过很多轮迭代才能获得可接受的拓扑优化结果,并且目标函数的迭代历程可能存在非周期性震荡。因此,该方法虽然已经成功应用于一些零部件的耐撞性拓扑优化[62,95,96,97],但鉴于算法的稳健性较差、求解效率较低等缺点,目前还不太适合大规模工程问题的求解。其次,HCA 算法倾向于在高应力高应变区域累积材料,这就意味着优化出来的结果将会在支撑处、集中受力处和大弯曲应力区域分布较多材料,因此很有可能获得破裂的拓扑结构。另外,HCA 方法只能采用内能密度均匀化作为优化目标,但这样优化获得的结构可能并不是吸能量最大的结构。并且,对于整车碰撞而言,碰撞加速度、车体变形状况、位移侵入量和碰撞峰值力等都是需要考虑的因素,因此,基于 HCA 的拓扑优化方法并不能很好地满足整车耐撞性设计的要求。

(3)ESL 法

ESL 法最早是由 Gyung-Jin Park 等[98,99]人应用于线性动态系统的尺寸优化和形状优化,随后又被 Moon-Kyun Shin 等人推广到非线性静态[100]和非线性动态[101]的优化领域。而最早将 ESL 方法应用到线性动态拓扑优化则是 Jang 等人[102],随后 Lee 等人[103,104,105,106]将其推广到非线性动态优化领域。

ESL 法的基本思想是将一系列的静态载荷施加到分析模型上进行线性静态分析,使其产生与动态分析某一时刻相同的位移场。随后即可将非线性动态优化问题转化为"线性优化⇆非线性分析"的线性静态多工况迭代优化过程,这样便可利用成熟的线性优化算法来求解结构的动态优化。

和 HCA 方法一样,VR&D 公司提供的 ESLDYNA 软件[20]可以完成等效静态载荷的计算、非线性分析和线性优化之间的数据转化,并调用 Genesis 软件内部的优化程序完成线性静态优化的计算。此外,大量的数值仿真和工程问题[100-104, 106, 107, 108]已由该方法获得了良好的优化结果,并且文献[109]已经证明基于 ESL 的优化方法满足 Karush - Kuhn - Tucker 条件,并且和直接动态优化方法具有数学上的等价性,验证了 ESL 法的可靠性。

此外,相较于 HCA 法,ESL 法具有如下优势:首先 ESL 法可以利用成熟的线性优化方法求解,一般运行 5 次非线性分析和 25 轮线性优化便可达到收敛,优化效率和算法可靠性大大优于 HCA 法;其次 ESL 法可以选择不同的性能指标,如质量[106]、位移[110]和应变能[103]等作为目标函数,而不仅限于内能密度均匀化这一个目标,因而更符合工程实际的要求。

综上所述,目前国内外对于耐撞性的拓扑优化还处于前期探索阶段,优化对象也多局限于前纵梁或是吸能盒等结构部件。实际上汽车是由许多零部件组成的整体,各部件之间存在一定的关联作用,若单独取出某一部件进行耐撞性分析,其变形或是吸能特性并不能反映整车的碰撞特性,因而优化结果并不具有实际的工程意义[81]。传统的结构设计通常先进行考虑刚度和模态频率的拓扑优化,根据优化结果设计概念模型,而在最后的详细设计阶段再考虑结构的非线性动态性能。实际上,在详细设计阶段,结构拓扑形态的改变空间十分小,而新提出的非线性动态性能又对结构提出了更苛刻的要求,为全方位满足设计要求,必须重新优化结构。这样不断地迭代设计不仅浪费时间,更浪费人力物力,因此,研究考虑整车碰撞安全性能的拓扑优化是十分重要的。

1.4　结构力流分析研究现状

结构件的力学性能是车身结构的设计基础。弄清载荷从施力点到约束点的力流分布及传递规律,可以帮助设计人员了解材料利用是否有效、结构传力方式是否合理,确保设计结构能够维持物体形态、实现特定功能[111]。因此,力流分析对结构件的设计及验证研究格外重要。

1981 年,Burr[112]从定性的角度来评价力流,他用理想不可压缩流体来类比施加的载荷,用流体的流水线来类比力流,但该方法违反了结构力学的平衡原理。

20 世纪 90 年代，Juvinall 等[113]提出 Force flow 这一概念，该方法可指出局部应力集中，但缺少定量的评价和标准的程序化设计。两年后，Reid 等[114]利用提取截面力的方法获得碰撞过程中力和力矩在壁障、前舱以及乘员舱中的传递，以帮助设计人员更好地了解碰撞过程中的承载构件。同年，陈贻伍[115]提出了力流的概念，论述了力流法则、力流类型、力流性质和力流三要素，该方法也是从定性的角度对机械系统进行力学行为分析。

1995 年，M. Shinobu 等[116]提出一种以弹性应变能之比 E^* 描述力在车身结构传递的方法，并获得了扭转工况下的两条载荷传递路径，一条是自前悬架向后传递，另一条是自后悬架向前传递，两条传力路径并不重合。同年，D. Kelly 等[117]基于平衡原理，将内力轨迹定义为结构中指定方向上的内力传递通道，内力通道内的数值为常量。

2000 年，Thamm[118]提出的主应力轨迹法是运用得较为广泛的定量力流评价方法之一。其主要思想是在应力场中寻找到与主应力方向相切的力流轨迹线，通过光弹性学法和脆弱的漆法可以进行样件的试验。该方法可以由大多数有限元商业软件直接计算获得主应力并进行可视化处理，但有学者[119]指出该方法的误差较大。

2000 年至 2011 年期间，D. Kelly 等[119, 120, 121]又将基于平衡原理的力流分析方法运用于飞机结构件和拉压杆件结构设计中。该方法的缺点是从施力点开始提取的力流轨迹和从约束点开始提取的力流轨迹线完全不同。

2001 年，H. Harasaki 等[122, 123, 124]提出了用传递力和潜在的传递力这两个概念来评价力的传递路径，该方法只能提供从载荷反作用点到载荷施力点的定量的方向，这样可以获得载荷传递的重要区域，但并不能指示危险区域。2003 年，H. Hoshino 等[125]提出了 U^* 和 U^{**} 这两个指标通过结构的柔度变化来评价力流。随后，Y. Okano 等[126]将其运用于车身结构减振降噪方面的改进。

2009 年，高云凯等[127]提出一种应用 NASTRAN 软件提取力流的方法，并运用该方法对某半承载式客车的右侧围车身骨架进行结构分析，直观显示复杂构件的受力情况，为车身设计提供依据。2010 年，那景新等[128]对某承载式大客车车身骨架进行力流分析，获得车身结构整体及主要构件受力特性。依据细长杆件轴向承载能力远大于非轴向承载能力这一特性，对局部结构进行优化改进,实现整车轻量化。随后,E. Wang 等[129,130]用半静态法和代替法将静态力流评级指标运用于卡车车头结构的动态拓扑优化上,初步探索了碰撞初始阶段载荷在地板内的传递规律。2015 年,高云凯等[131]又进行了某电动轿车车身骨架的多工况力流分析,了解车身骨架总体的力流性能,建立构件的内力与车身实际所受载荷之间的联系。

由此可见,早年国内外学者对力流的研究多采用定性的方法来描述,近年来学者开始采用定量的方法来分析评价力流,但目前国内外还没有一个广泛接受的方法定义力流、定量化分析力流、使力流表达可视化或是进行力流优化。力流分析有助于理解结构承力状态与传递关系,值得深入研究探讨。

1.5 本书的内容及安排

本书主要介绍一套基于拓扑优化和力流分析的骨架式车身结构设计流程和评价方法,以骨架式车身结构为研究对象,提出一套基于拓扑优化和力流分析的骨架式车身结构设计流程和评价方法。全书主要内容如下:

(1)面向碰撞问题的汽车零部件拓扑优化方法

介绍目前较为常见的三种碰撞拓扑优化方法,包括混合元胞自动机法(HCA)、等效静态载荷法(ESL)和双向渐进优化法(BSEO)等,并给出具体的工程实例,探讨了保险杠、前纵梁等汽车零部件结构的动态拓扑优化设计方法和设计流程。

(2)基于拓扑优化的骨架式车身结构设计方法

将动态非线性纳入车身结构拓扑优化领域。应用等效静态载荷法,选择弯曲、转弯、制动和弯扭组合等四个典型静态工况以及正碰、侧碰、顶压和后碰等四个典型碰撞工况作为拓扑优化的载荷工况,提出一套基于拓扑优化的骨架式车身结构设计方法。

(3)静态工况骨架式车身结构力流仿真分析方法

针对拓扑优化结果只包含路径信息、并不能反映结构的承力状态与传递这一不足,引入力流概念,建立骨架式车身结构力流分析模型,探索杆件传力和接头传力的基本规律,利用传递矩阵和拐点矩阵,得到构件的内力与车身实际所受载荷之间的联系,提出车身结构静态工况力流分析的基本流程。选取特定的分析工况,进行骨架式车身结构力流分析。

(4)动态工况骨架式车身结构力流仿真分析方法

将静态工况力流仿真分析方法推广到骨架式车身结构的碰撞工况。基于薄壁杆件轴向压溃和弯曲变形的基本理论,建立考虑几何非线性和材料非线性的梁单元有限元模型,对车身骨架进行正碰工况的力流分析,探讨碰撞瞬间车身骨架的力流传递与力流分布。

(5)骨架式车身结构力流试验分析方法

给出骨架式车身结构力流试验分析方法,通过测量车身骨架关键位置的应力应变,推断杆件的受力特点,进而获得车身骨架试验扭转工况下的力学特性分布。基于力流分布和力流传递,提出车身骨架优化方案,为车身结构的改型设计提供理论及方法依据。

1.6　总体研究方案的确定

现阶段国内外车身结构概念设计基本采用如下设计流程:首先通过拓扑优化确定结构的拓扑信息,参考现有同类产品获得结构的初始设计,利用尺寸优化、形状优化等参数化方法经过多轮优化迭代确定最终结构。但实际上,参数化设计的初始结构对最终结构方案的确定有较大影响,仅凭拓扑优化获得的初始结构是不充分的,并不能保证后续参数化设计的结构拥有较为合理的力流传递路径。因此在保留对标或上一代车型结构的前提下优化结构的传统设计方法,可设计的空间较小,不能从根本上改变结构的不合理。

针对这一不足,本书将力流分析引入车身结构设计领域,提出一套基于拓扑优化和力流分析的骨架式车身结构设计流程和评价方法。首先,针对多工况,进行面向结构强度、结构刚度、振动特性、生存空间、碰撞问题等的结构拓扑优化设计,获取最佳的拓扑结构信息。在此基础上根据抽象骨架进行力流分析。确定各杆件力的大小、传递方向、传递路径、传递方式,判断哪些构件是必需的承载件,哪些构件不太参与承载,帮助设计人员全面掌控构件的形状、大小、截面、开闭口类型,确定最优车身骨架结构。图 1.19 显示了基于拓扑优化和力流分析的骨架式车身结构设计流程图。

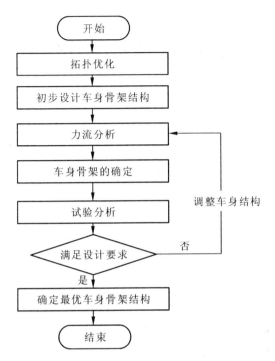

图 1.19　基于拓扑优化和力流分析的骨架式车身结构设计流程图

2 面向碰撞问题的汽车零部件拓扑优化方法

目前关于拓扑优化研究应用主要集中在线性域内,即不考虑失效、大位移和接触以及超过弹性极限的材料行为,但是,很多工程实际问题中存在非线性动态效应,例如汽车碰撞就是一个典型的非线性动态问题,因此非常有必要将动态非线性纳入拓扑优化研究领域。目前学术界针对碰撞拓扑优化方法展开了大量的研究,许多学者从不同角度提出不同的拓扑优化手段来解决碰撞这类动态非线性问题。本章介绍目前比较热门的三种碰撞拓扑优化方法,包括混合元胞自动机法(HCA)、等效静态载荷法(ESL)和双向渐进优化法(BSEO)等。在分别论述三种拓扑优化方法的理论基础上,给出具体的工程实例,探讨了保险杠、前纵梁等汽车零部件结构的动态拓扑优化设计方法和设计流程。

2.1 基于 HCA 法的保险杠结构拓扑优化

2.1.1 HCA 法的理论基础

HCA 法是一种自动的 CA 网格处理方法。CA 是一个由规则的元胞网格或晶格组成的离散计算模型,每个单元的状态都由一个有限维向量值来表征。每个单元利用来自邻近单元的信息,而这些相邻单元通常从一次迭代到下一次迭代都不会改变。每一个单元基于相邻单元的值都有着相同的更新规则。这些规则被应用到整个计算求解迭代过程。在拓扑优化过程中,每个材料单元与 CA 晶格中元胞单元是一一对应的[132]。在拓扑优化过程中,CA 模型与有限元模型中的网格之间存在一一对应的关系。图 2.1 所示为 CA 网格模型的 3 种典型相邻位置信息。

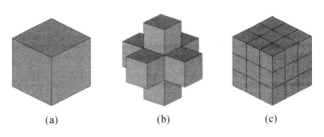

图 2.1　典型的三维 CA 晶格模型位置信息

在 CA 晶格中第 i 个元胞的状态定义为设计变量 x_i(材料密度)和场量 S_i(内能密度)。每个材料单元与 CA 晶格中元胞单元是一一对应的,因此,每个材料单元在迭代 k 次时的状态表达式为 S_i^k。

在耐撞性设计中,结构应在保持完整性的同时具有良好的能量吸收特性。沿用满应力设计的基本理念,结构中的所有单元都应该通过塑性变形提供吸能贡献。因此,每个单元的场变量状态值(内能密度)S_i 应该趋近于同一个特定值 S_i^*。HCA 方法用于模型的优化问题,可以由以下公式表示:

$$\min_x \sum_{i=0}^{N} | \overline{S}_i(x_i) - S_i^* |$$

$$\text{s. t.} \sum_{i=0}^{N} x_i v_i = V$$

$$\boldsymbol{M}\ddot{\boldsymbol{d}}(t) + \boldsymbol{C}\dot{\boldsymbol{d}}(t) + \boldsymbol{K}\boldsymbol{d}(t) = \boldsymbol{F}(t) - \boldsymbol{R}(d,t)$$

$$x_{\min} \leqslant x \leqslant 1 \tag{2.1}$$

S_i^* 表示内能密度的设定值,v_i 表示第 i 个单元的体积,$\boldsymbol{M}$、$\boldsymbol{C}$ 和 $\boldsymbol{K}$ 分别表示质量、阻尼和刚度矩阵,$\boldsymbol{R}$ 是残余能量,$\overline{S}_i(x_i)$ 表示第 i 个单元的有效内能密度,第 i 个单元在第 k 次迭代时的有效内能密度表达式如下:

$$\overline{S}_i^{(k)} = \frac{S_i^{(k)} + \sum_{n \in N(i)} S_i^{(k)}}{N+1} \tag{2.2}$$

2.1.2　仿真求解及优化过程

采用 LS-DYNA 求解器为计算基础,首先定义设计区域,将保险杠防撞梁作为设计区域,吸能盒及碰撞器作为非设计区域,并且约束材料剩余质量分数<0.4;施加制造约束,沿挤压方向施加挤压约束,如图 2.2 所示,最后按图 2.3 中拓扑优化阶段流程进行迭代计算,得出保险杠横梁的截面

形状[133]。

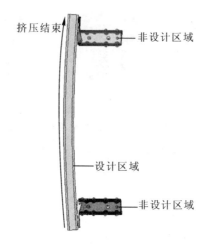

图 2.2　拓扑优化模型

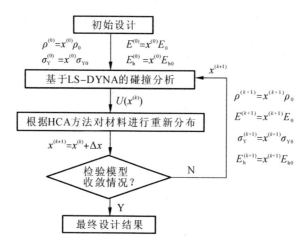

图 2.3　HCA 方法的耐撞性优化设计流程图

2.1.3　优化结果分析

经过 29 次迭代,模型趋于收敛,并且得到最终的拓扑优化结果,如图2.4所示。图 2.5 为不同迭代次数时,拓扑优化的密度分布云图,图 2.6 为拓扑优化模型质量重分布的收敛情况。根据拓扑优化结果,保险杠横梁的最优截面形状为 H 形。

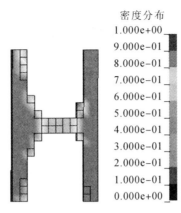

密度分布

图 2.4 拓扑优化最终结果

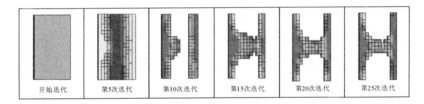

图 2.5 拓扑优化迭代

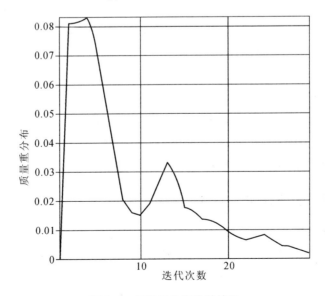

图 2.6 质量重分布收敛情况

2.2　基于 ESL 法的保险杠结构拓扑优化

2.2.1　ESL 法的理论基础

等效静态载荷法的基本思想是将一系列的静态载荷施加到分析模型上进行线性静态分析,使其产生与动态分析某一时刻相同的位移场。随后即可将非线性动态优化问题转化为"线性优化⇆非线性分析"的线性静态多工况迭代优化过程,这样便可利用成熟的线性优化算法来进行结构的动态优化。

结构非线性动态分析的平衡方程为:

$$\boldsymbol{M}\ddot{\boldsymbol{z}}_{\mathrm{N}}(t)+\boldsymbol{C}\dot{\boldsymbol{z}}_{\mathrm{N}}(t)+\boldsymbol{K}\boldsymbol{z}_{\mathrm{N}}(t)=\boldsymbol{P}(t)\quad(t=t_1,t_2\cdots t_n)\qquad(2.3)$$

其中,$\boldsymbol{M}$、$\boldsymbol{C}$、$\boldsymbol{K}$ 分别是质量矩阵、阻尼矩阵和刚度矩阵,$\ddot{\boldsymbol{z}}_{\mathrm{N}}(t)$、$\dot{\boldsymbol{z}}_{\mathrm{N}}(t)$ 和 $\boldsymbol{z}_{\mathrm{N}}(t)$ 分别为加速度向量、速度向量和位移向量,下标 N 代表非线性有限元分析,$\boldsymbol{P}(t)$ 为施加在结构上的瞬时外力。

等效静态载荷可由下式定义:

$$\boldsymbol{f}_{\mathrm{eq}}(s)=\boldsymbol{K}_{\mathrm{L}}(b)\boldsymbol{z}_{\mathrm{N}}(t)\quad(s=s_0,s_1,\cdots,s_n)\qquad(2.4)$$

其中 s 和式(2.3)中的 t 一一对应,即 $t=t_i$ 等价于 $s=s_i$,s 的总数为 n;下标 L 代表线性分析。本质上而言,等效静态载荷等于非线性分析的位移场乘以线性分析的刚度矩阵。

将由式(2.4)获得的 n 个等效静态载荷 $\boldsymbol{f}_{\mathrm{eq}}(s)$ 的集合当作外载荷,施加于静态分析模型上,可得

$$\boldsymbol{K}_{\mathrm{L}}(b)\boldsymbol{z}_{\mathrm{L}}(s)=\boldsymbol{f}_{\mathrm{eq}}(s)\quad(s=s_0,s_1,\cdots,s_n)\qquad(2.5)$$

根据上式计算得到的位移向量 $\boldsymbol{z}_{\mathrm{L}}(s)$ 与方程(2.3)中的位移向量 $\boldsymbol{z}_{\mathrm{N}}(t)$ 在任意时刻都是相等的,而且这种位移等效是无条件成立的[5]。

2.2.2　仿真求解及优化过程

采用实体单元建立保险杠的拓扑优化空间,利用弹塑性材料模拟车身钢材,材料特性参数如表 2.1 所示。采用 *BOUNDARY_SPC_NODE 约束保险杠两端与后部前纵梁相连处的所有平动和转动自由度。通过关键字 *INITIAL_VELOCITY_GENERATION 定义可移动刚体沿 Y 方向移动的

初始速度为 15km/h,碰撞过程中保持可移动刚体的纵向中垂面轨迹垂直于被撞击保险杠的纵向中垂面。设置仿真时间 15ms,最终建立的有限元分析模型如图 2.7 所示。以保险杠吸能量最大作为优化目标,约束体积分数,按图 2.8 中拓扑优化分析流程进行迭代计算。

表 2.1 保险杠横梁的材料特性

材料	密度(kg/m³)	弹性模量(GPa)	初始屈服应力(MPa)	泊松比
钢	7800	210	221	0.3

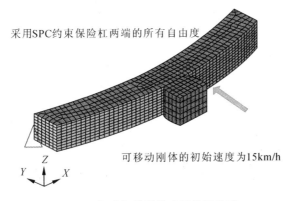

图 2.7 保险杠横梁的碰撞分析模型

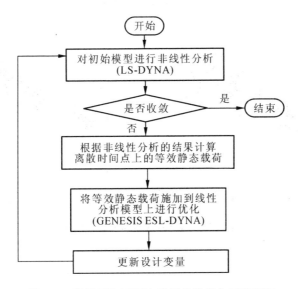

图 2.8 基于 ESL-DYNA 的拓扑优化分析流程图

2.2.3　优化结果分析

本次优化选取了 9 个优化时刻。本优化共经过 8 轮 ESL 迭代达到收敛,每轮优化包含 5 次内部的线性静态寻优过程,本次优化的迭代历程如图2.9所示。图 2.10 显示保险杠横梁拓扑优化结果,深色单元为不需要布置结构的单元,浅色单元为需要布置结构的单元,可以看出优化后保险杠的吸能能力大幅度提升,并且轻量化效果明显。

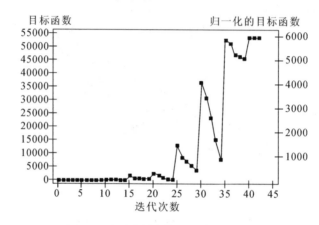

图 2.9　保险杠横梁拓扑优化迭代历程

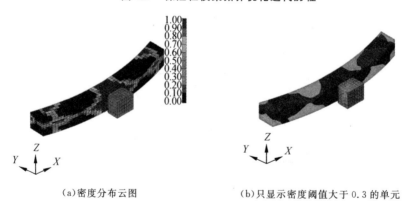

(a)密度分布云图　　　　　　(b)只显示密度阈值大于 0.3 的单元

图 2.10　保险杠横梁拓扑优化结果

2.3　基于 BESO 法的前纵梁结构拓扑优化

2.3.1　BESO 法的理论基础

吸能结构的拓扑优化通常需要某些约束条件,如对最大变形或者力的限制。例如:为了保证车辆乘员有足够的安全空间,通常会设定一个最大许可撞击距离;此外,撞击力不能超过乘员承受极限。换句话说,吸能结构不能刚度太小,否则撞击距离会超过最大允许量;也不能太大,否则会破坏最大撞击力限制。为了得到最有效的吸能设计,我们可以最大化单元体积内总能量吸收并设定力和位移的上限。优化问题设定如下式所示:

$$\max \quad f(x) = \frac{E}{V}$$
$$\text{s. t.} \quad F_{\max} = F^* \text{ and } U_{\max} = U^* \tag{2.6}$$

一般情况下,在进行 BESO 法拓扑优化设计之前,都假定初始设计域为满设计域。拓扑优化迭代更新过程中,在判断应该将单元移除出还是添加到当前结构时,应该先计算当前的体积 $V^{(l)}$,通过对比当前体积 $V^{(l)}$ 与预先设定的许用体积 V_{req},确定在此次迭代过程中应该将单元移除还是添加。不断迭代更新循环,直至达到目标体积。拓扑优化过程中,设计域的单元在不断删除和添加,直至当前体积 $V(\xi)$ 达到预先设定的目标体积 V_{req}。在迭代更新过程中,定义收敛准则,拓扑优化迭代收敛必须满足式(2.7)。

$$c_{\text{eer}} = \frac{\sum_{i=1}^{N} \left(f_c^{(l-i+1)} - f_c^{(l-N-i+1)} \right)}{\sum_{i=1}^{N} f_c^{(l-i+1)}} \leqslant \delta_{\text{eer}} \tag{2.7}$$

上式中,δ_{eer} 为定义的收敛容差,N 为积分数。实际操作时可利用非线性有限元分析控制撞击点的位移从零增加到最大允许值,并考虑两种不同情况下的单位体积最大吸能,即最终变形时和整个变形过程中。

2.3.2　仿真求解及优化过程

参照福特 Taurus 前纵梁外形轮廓结构及前纵梁直梁段长度,按照截面形状的最小边长选取 100mm ×100mm ×300mm 的长方体结构作为初始设

计优化空间[133,134],如图 2.11 所示。基于整车中单根前纵梁的吸能量,设置
刚性墙的质量为 300kg,并在初始状态下赋予刚性墙 13.8m/s 的初速度,完
全约束吸能梁底部一圈节点的转动和移动自由度。前纵梁结构所选取的材
料为 AA5182 铝材,利用 BESO 法进行拓扑优化。

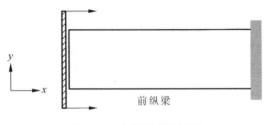

图 2.11 前纵梁碰撞模型

2.3.3 优化结果分析

图 2.12 中的 E_n/V 曲线显示了优化过程中目标函数的迭代历程,曲线
没有明显的振荡,相较于直接基于变密度法获得的优化结果(E_n/V_D 曲线)更
为稳健。图 2.13 为最终拓扑优化结果,可以看出前纵梁中间部分和四条棱
上的单元被删除,形成明显的黑白结构。

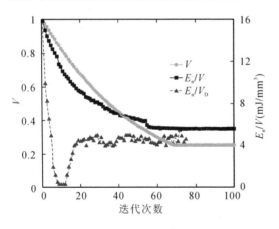

图 2.12 前纵梁拓扑优化迭代历程　　　图 2.13 前纵梁最终拓扑优化结果

对拓扑优化结果进行工程诠释,去除前纵梁两头截面四个角的材料,由
修剪后结果(图 2.14)可以看出,前纵梁的四条棱和中部材料均被删除,则前
纵梁的截面形状可解读为正八边形。对优化后前纵梁结构的耐撞性进行验

证,可以发现前纵梁优化前后的总吸能基本相等,但是优化后前纵梁的比吸能是原来钢质前纵梁比吸能的 1.4 倍,质量由 2.49kg 下降到 0.623kg,此外,正八边形铝合金前纵梁比原来 Taurus 纵梁能够发生更加良好的渐进叠缩变形(图 2.15)。

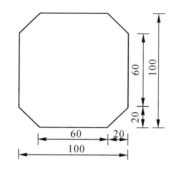

图 2.14　前纵梁拓扑优化结果工程诠释

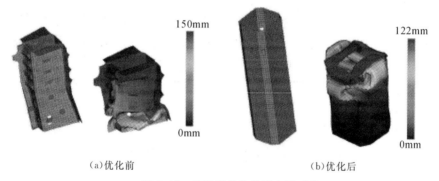

(a)优化前　　　　　　　　　　　(b)优化后

图 2.15　前纵梁优化前后变形对比

2.4　本章小结

本章探讨了碰撞拓扑优化在汽车零部件结构设计领域应用的可能性。在介绍混合元胞自动机法(HCA)、等效静态载荷法(ESL)和双向渐进优化法(BSEO)三种算法的理论基础上,分别利用 HCA 法和 ESL 法对保险杠结构进行面向正碰问题的拓扑优化,利用 BESO 法对前纵梁结构进行面向正碰问题的拓扑优化,优化后获得的结构吸能能力有所提升且轻量化效果显著,对面向碰撞问题的汽车结构零部件设计起到一定的指导作用。

3 基于拓扑优化的车身结构设计方法

前一章讨论了汽车零部件结构的碰撞拓扑优化,但实际上汽车是由许多零部件组成的整体,各部件之间存在一定的关联作用,若单独取出某一部件进行耐撞性分析,其变形或是吸能特性并不能反映整车的碰撞特性,因而优化结果没有太强的实际工程意义。

汽车实际行驶是个受载复杂多变的综合情况,有时候会出现单一工况,比如正碰或追尾事故,但是大多数情况下是组合工况。没有单一工况分析,无法了解结构在特定工况下的性能,也无法获知车身骨架在特定工况下的性能对综合工况性能的贡献和影响;若仅作单一工况的分析,又无法了解综合工况下结构设计是否合格,材料利用是否充分。因此在车身结构概念设计阶段既要考虑单一工况的拓扑优化设计又要进行综合工况的拓扑优化设计。本章选择弯曲、转弯、制动和弯扭组合等四个典型静态工况以及正碰、侧碰、顶压和后碰等四个典型碰撞工况作为拓扑优化的载荷工况,提出一套基于拓扑优化的骨架式车身结构设计方法。

3.1　车身结构的拓扑优化模型

3.1.1　拓扑空间的建立

对车身结构进行拓扑优化时,通常将车身 A 面的包络空间用作拓扑优化的初始空间,然后剔除乘员所占空间、底盘所占空间以及动力系统所占空间,从而得到期望的拓扑空间[135]。

结合项目要求,参考多款现有 C 级车,确定本车的基本尺寸,整车长4400mm,宽 1700mm,高 1400mm,轴距 2650mm。整个车体结构分为前舱、后舱和乘员舱三个部分,采用壳单元建立本书的拓扑优化模型,四门两盖以及地板和顶盖作为车身的主要承载结构被引入拓扑优化空间,而前后风窗玻璃以及侧窗玻璃的承载能力相对较弱,因而不作为拓扑空间。图 3.1 显示了车身拓扑优化的初始空间。

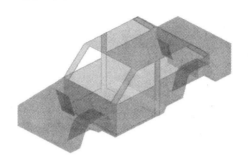

图 3.1　车身拓扑优化初始空间

3.1.2　车身结构拓扑优化的数学模型

拓扑优化是用来寻找设计域内最合理的材料分布的一种优化方法,许多响应,如柔度、位移和应力等,可以作为优化的目标和约束[37]。白车身是整车的承载基体,它的刚度及固有频率性能对整车的操控性能、噪声、振动及平顺性都有较大影响。高刚度车身不仅有利于悬架的支撑,保证汽车系统的正常工作,还有利于改善整车的振动特性,减少部件的疲劳损坏,增强乘员的乘坐舒适性。此外,白车身不仅需要保证在日常使用中不易发生变形或破坏,更需要保证发生撞击时乘员的安全,这就需要保证乘员舱的生存空间;减小乘员舱变形和对乘员舱的侵入;同时减小车身撞击后的加速度。

对于单一静态工况的拓扑优化,可以应变能最小为目标函数,隐含着结构柔度最小,刚度最大,以体积比、位移为约束条件进行基于刚度的拓扑优化。其数学模型可表示为:

$$\text{Find}\quad b = (b_1, b_2, \cdots, b_m)^{\mathrm{T}}$$

$$\text{Min}\quad F(b) = \boldsymbol{P}^{\mathrm{T}}\boldsymbol{Z} = \boldsymbol{Z}^{\mathrm{T}}\boldsymbol{KZ} = \sum_{i=1}^{m}(b_i)^p\boldsymbol{z}_i^{\mathrm{T}}\boldsymbol{k}_0\boldsymbol{z}_i$$

$$\text{s. t.}\begin{cases} g(b_i) \leqslant 0 \\ V = \sum_{i=1}^{n}b_i v_i \leqslant fV_0 = V^* \\ 0 < b_{\min} \leqslant b_i \leqslant 1\,(i = 1, \cdots, m) \end{cases} \tag{3.1}$$

式中,$F(b)$ 为目标函数,b_i 为设计变量,表示离散单元的相对密度,在 $[b_{\min},1]$ 之间取值。$\boldsymbol{P}$ 为结构所承受的载荷向量;$\boldsymbol{Z}$ 为结构的位移向量;$\boldsymbol{K}$ 为结构的总刚度矩阵。m 为单元总数；z_i 为单元 i 的位移向量；k_0 为 $b_i = 1$ 时的单元刚度矩阵；p 为惩罚因子。V 为优化后的结构体积；V_0 为初始结构体积；V^* 为优化后结构体积的上限；v_i 为单元 i 的体积；f 为给定材料的体积比。为避免出现刚度矩阵奇异，取 $b_{min} = 0.001$。约束条件 g 为设计变量 b 的函数，可以采用结构的整体响应，如结构柔度、位移、频率等作为约束，也可以采用结构局部响应，如应力等作为约束。另外，根据优化问题的需要还可以采用结构响应的组合函数作为约束。各约束条件共同作用，形成结构设计的可行域。

对于单一动态工况的拓扑优化，可以考虑以结构刚度最大化为目标函数，将乘员舱变形量最小化这一目标转化为约束条件，结合体积比等其他约束形成的拓扑优化模型如下：

$$\text{Find} \quad b \in \boldsymbol{R}^m \tag{3.2a}$$

$$\min \quad F(b,z) \tag{3.2b}$$

$$\text{s. t.} \begin{cases} \boldsymbol{M}(b)\ddot{\boldsymbol{z}}_N(t) + \boldsymbol{C}(b)\dot{\boldsymbol{z}}_N(t) + \boldsymbol{K}_N[b,\boldsymbol{z}_N(t)]\boldsymbol{z}_N(t) - \boldsymbol{P}(t) = 0 \\ (t = t_0, t_1, \cdots, t_n) \end{cases} \tag{3.2c}$$

$$g_j[b,\boldsymbol{z}_N(t)] \leqslant 0 \quad (j = 1,2,\cdots,l) \tag{3.2d}$$

$$0 < b_{min} \leqslant b_i \leqslant 1 \quad (i = 1,\cdots,m) \tag{3.2e}$$

式(3.2c)至式(3.2e)为动态工况拓扑优化的约束条件。在结构优化领域，有限元分析的控制方程通常被转化为优化模型中的等式约束，式(3.2c)为结构非线性动态分析的平衡方程，其中 $\boldsymbol{M}$ 是质量矩阵，为设计变量 b 的函数；$\boldsymbol{K}$ 是刚度矩阵，为节点位移 z 和设计变量 b 的函数；$\dot{\boldsymbol{z}}_N$ 为速度向量；$\ddot{\boldsymbol{z}}_N(t)$ 为加速度向量；$\boldsymbol{P}(t)$ 为第 t 个时间步所施加的外载荷；下标 N 代表非线性分析；常数 n 为总的时间步数。此时，约束条件 g 为设计变量 b 和节点位移 z 的函数，可以采用结构优化的体积比或其他响应作为约束条件，其他参数的定义同式(3.1)。

由于车辆在行驶过程中，会出现不同的工况，因此，车身结构的刚度最大化拓扑优化是一个多工况下的多刚度拓扑优化问题，即多目标拓扑优化问题。本书采用折衷规划法[136, 137]将多目标优化问题转化成单一目标优化问题，由折衷规划法得到多工况拓扑优化的目标函数：

$$\min C(b) = \left\{ \sum_{k=1}^{N} w_k^q \left[\frac{C_k(b) - C_k^{\min}}{C_k^{\max} - C_k^{\min}} \right]^q \right\}^{\frac{1}{q}} \qquad (3.3)$$

式中，N 为载荷工况总数；w_k 为第 k 个工况的权重值；q 为惩罚因子，$q \geqslant 2$；$C_k(b)$ 为第 k 个工况的柔度目标函数；$C_k^{\max}$、$C_k^{\min}$ 分别为第 k 个工况柔度目标函数的最大值和最小值。

3.1.3　基于等效静态载荷的拓扑优化求解

（1）等效静态载荷的计算方法

等效静态载荷法的基本思想是将一系列静态载荷施加到分析模型上进行线性静态分析，使其在任意时刻产生与非线性分析相同的位移场[101, 103, 109]。等效静态载荷可由下式定义：

$$f_{eq}(s) = \boldsymbol{K}_{L}(b) z_{N}(t) \qquad (s = s_0, s_1, \cdots, s_n) \qquad (3.4)$$

其中 s 和式（3.2c）中的 t 一一对应，即 $t = t_i$ 等价于 $s = s_i$，s 的总数为 n；下标 L 代表线性分析。本质上而言，等效静态载荷等于非线性分析的位移场乘以线性分析的刚度矩阵。

将由式（3.4）获得的 n 个等效静态载荷的集合 $\boldsymbol{f}_{eq}(s)$ 当作外载荷，施加于静态分析模型上，可得

$$\boldsymbol{K}_{L}(b) z_{L}(s) = \boldsymbol{f}_{eq}(s) \qquad (s = s_0, s_1, \cdots, s_n) \qquad (3.5)$$

这样就可以保证由式（3.5）获得的静态分析位移 $z_{L}(s)$ 和式（3.2c）中的非线性动态分析位移 $z_{N}(t)$ 在任意时刻 t 上是相等的，为非线性动态优化向线性静态优化转化提供了必要的理论基础。

（2）基于等效静态载荷法的拓扑优化流程

基于等效静态载荷法的非线性动态拓扑优化包括如下几个部分：非线性动态分析、等效静态载荷的计算、线性静态拓扑优化以及根据优化结果更新非线性动态分析模型，进行下一轮迭代循环，具体计算步骤如下：

①设定基本参数和设计变量的初值，令迭代次数 $k=0$，设计变量 $b^{(k)} = b^{(0)}$，收敛参数：微小的数 ε。

②将 $b^{(k)}$ 代入式（3.2c）进行非线性动态分析。

③当 $k=0$，转向步骤④；当 $k>0$，若

$$\| b^{(k)} - b^{(k-1)} \| \leqslant \varepsilon \qquad (3.6)$$

在满足式（3.6）的同时满足式（3.2d）和式（3.2e）的约束条件，优化收敛，优

化完成;若满足式(3.6)但违反了式(3.2d)和式(3.2e)的约束条件,则减小收敛参数 ε 的值,转向步骤④。

④根据式(3.4)计算等效静态载荷集。

⑤求解线性静态拓扑优化:采用密度法建立设计变量和材料密度之间的关系,利用序列二次规划算法求解拓扑优化问题。

⑥更新设计结果,设定 $k = k + 1$,返回步骤②,继续优化,直到优化收敛。

3.1.4　基于拓扑优化的车身结构建立流程

要建立车身的承载骨架,首先要考察车辆的设计空间条件,确定初始结构信息。根据设计意图、可使用空间的大小、需要考虑的载荷工况等车身结构设计条件,来综合确定初始结构的长宽高等基本尺寸信息,确定可以优化的空间和不允许优化的空间,进而确定拓扑优化的初始拓扑空间。接着根据设计意图,通过删减单元等操作来优化结构的承载受力直至满足优化收敛条件为止。

在车身承载骨架的建立中存在两大难点,其一是对于车身结构的设计,碰撞载荷是必须纳入研究的内容,而汽车碰撞是一个典型的非线性动态问题,现阶段并没有非常完善的方法来解决包含大规模设计变量的动态非线性拓扑优化问题。本书采用3.1.3节提及的等效静态载荷法来处理碰撞工况的拓扑优化问题。

其二是车辆在实际行驶过程中受力状态复杂,因而在结构设计过程中应该综合考虑多个行驶工况。为将静态工况和动态工况综合到同一优化过程中,采用3.1.2节提及的折衷规划法将各个工况的应变能响应整合到一起,形成拓扑优化的目标函数。考虑到不同工况的应变能响应可能存在较大差异,因而对各个工况的应变能响应作出如下处理:

假设第 k 个静态工况在第 j 轮优化之后的应变能响应为 E_{kj}^{static},则每个静态工况的应变能响应 $C_k(b)$ 可以转化为

$$C_k(b) = E_{kj}^{\text{static}} / E_{k0}^{\text{static}} \tag{3.7}$$

假设第 k' 个动态工况的第 p' 个优化时刻在第 j' 轮优化之后的应变能响应为 $E_{kj'p'}^{\text{dynamic}}$,每个动态工况选取 n 个优化时刻,则每个动态工况的应变能响应 $C_k(b)$ 可以转化为

$$C_k(b) = \left(\sum_{p=1}^{n} E_{k'j'p'}^{\text{dynamic}} / E_{k'0p'}^{\text{dynamic}} \right) / n \tag{3.8}$$

对于碰撞工况,为了保证乘员舱的生存空间,将乘员舱的生存空间以相对位移的方式量化,纳入目标函数中。假设第 k' 个动态工况的第 p' 个优化时刻在第 j' 轮优化之后的顶盖和地板相对位移响应为 $RD_{k'j'p'}^{Z}$,左右侧围间的相对位移响应为 $RD_{k'j'p'}^{Y}$,前围防火墙和后围挡板之间的相对位移响应为 $RD_{k'j'p'}^{X}$,以上述三种位移响应来衡量碰撞工况下乘员舱的生存空间。每个动态工况选取 n 个优化时刻,则每个动态工况下上述相对位移响应可以转化为

$$RD_{k'} = \left(\sum_{p=1}^{n} |RD_{k'j'p'}^{i}| / |RD_{k'0p'}^{i}| \right) / n \quad (i = X, Y, Z) \tag{3.9}$$

这样可以确保所有工况的目标函数响应都具有相同的数量级,也就是所有工况都对整个车身骨架的建立起到了相同的贡献度,不会让某一响应特别突出的工况影响整个优化结果。随后将各个工况的目标函数响应代入式(3.3),获得包含碰撞工况在内的多工况拓扑优化的目标函数:

$$F(b) = \left\{ w^2 \sum_{k=1}^{N} w_k^2 \left[\frac{C_k(b) - C_k^{\min}}{C_k^{\max} - C_k^{\min}} \right]^2 + (1-w)^2 \sum_{k'=1}^{N'} w_k^2 \left[\frac{RD_{k'}(b) - RD_{k'}^{\min}}{RD_{k'}^{\max} - RD_{k'}^{\min}} \right]^2 \right\}^{\frac{1}{2}} \tag{3.10}$$

其中 w 为应变能目标函数的权重;N 为载荷工况总数;N' 为碰撞工况总数。

与此同时,采用等效静态载荷法将碰撞工况的动态分析模型转化为静态分析模型,这样便可以利用成熟的线性优化算法求解包含碰撞工况在内的多工况拓扑优化,获取最佳的拓扑结构信息,以此为依据进行车身骨架的初步设计。图3.2是基于拓扑优化的车身骨架设计流程图,具体实施步骤如下:

(1)根据设计意图、可使用空间的大小、需要考虑的载荷工况综合确定初始结构形状、尺寸等基本信息,进而确定拓扑空间,获得初始拓扑模型;

(2)根据载荷工况的设计要求,分别对初始拓扑模型进行静态工况的有限元分析和碰撞工况(动态非线性分析)的有限元分析,提取应变能、位移、质量等模型响应作为下一步优化的输入条件;

(3)根据式(3.7)、式(3.8)计算各工况的应变能响应,并将其代入式(3.10),利用折衷规划法,获得多工况拓扑优化的目标函数;

(4)与此同时,根据动态非线性分析的结果计算离散时间点上的等效静

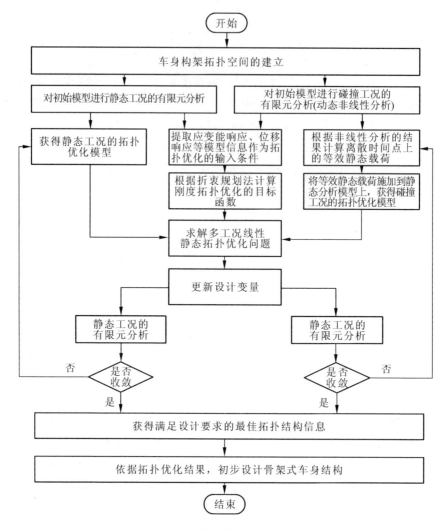

图 3.2　基于拓扑优化的车身骨架设计流程图

态载荷,将等效静态载荷集当作外载荷,施加于静态分析模型上,获得碰撞工况的等效模型;

　　(5)静态工况的有限元分析模型和碰撞工况的等效模型纳入同一拓扑优化模型中,求解线性静态拓扑优化问题;

　　(6)重复操作步骤(2)至(5),直至满足所有收敛条件,拓扑优化完成,获得满足设计要求的最佳拓扑结构信息;

　　(7)参考拓扑优化结果,完成骨架式车身结构的初步设计。

3.2　载荷工况的描述

　　汽车实际行驶过程中受载复杂,不便于仿真模拟,除了专门研究道路载荷提取的情况之外,行业内多选取一些典型工况,如扭转、弯曲或是正碰、侧碰等来研究车身结构的力学性能。

　　传统的车身结构设计通常是在概念设计阶段只进行考虑刚度和模态频率的拓扑优化,根据优化结果设计白车身结构,而在最后的详细设计阶段再考虑结构的非线性动态性能。实际上。在详细设计阶段,结构拓扑形态的改变空间十分小,而新提出的非线性动态性能又对结构提出了更苛刻的要求,为全方位地满足刚度、模态、碰撞、振动噪声以及疲劳等多种性能指标,必须重新甚至反复优化结构。这样不断地迭代设计不仅浪费时间,更浪费人力物力。

　　本书将碰撞安全性能纳入车身结构概念设计阶段,选择了弯曲、转弯、制动和弯扭组合等四个典型静态工况以及正碰、侧碰、顶压和后碰等四个典型碰撞工况以研究适合整车结构的拓扑优化方法。

3.2.1　车身载荷及材料

　　参考同类车型,设定该车身结构的载荷分布,在合理的空间位置处利用质量点模拟车身载荷,通过刚性单元将所有载荷与车身一一相连,本书将以此模型作为骨架式车身结构拓扑优化分析的初始模型。具体的载荷大小以及位置如表 3.1 和图 3.3(a)所示。车身结构采用钢材,其材料特性如表 3.2 及图 3.3(b)所示。

表 3.1　车身载荷分布表

基本载荷	质量(kg)	基本载荷	质量(kg)
前排乘客(2 人)	130	后排乘客(2 人)	130
前排座椅(2 个)	20	后排座椅(2 个)	20
前舱控制器	80	前舱电池电机等附件	70
锂电池	200	行李及备胎等附件	120
前轮胎(2 个)	90	后轮胎(2 个)	110

表 3.2　车身结构的材料参数

材料	密度(kg/m³)	弹性模量(GPa)	初始屈服应力(MPa)	泊松比
钢	7800	210	221	0.3

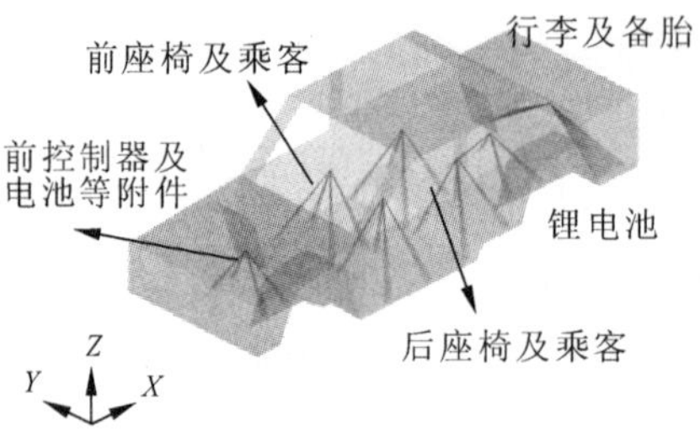

(a)车身结构的载荷分布 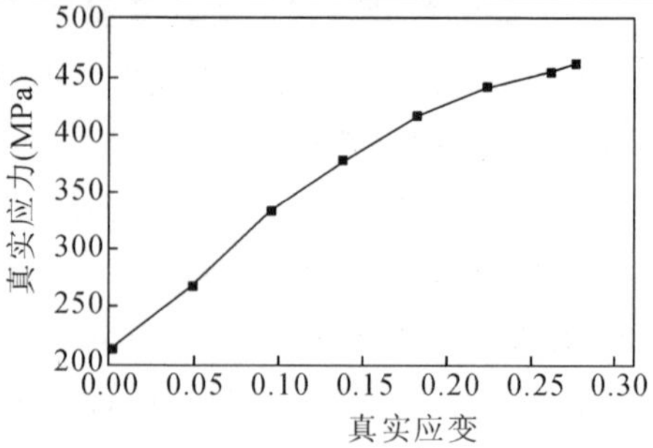　　　(b)材料的应力应变曲线

图 3.3　车身结构的载荷及材料

3.2.2　静态工况的设置

对于静态工况的车身结构拓扑优化,参考车身静态刚强度试验的加载方法设置仿真模型的边界条件,因而分析不需要考虑车轮和其他簧下质量,只需要考虑 3.2.1 节中论述的车身载荷。除此以外,各工况还要考虑动载系数和约束条件,具体的约束位置如表 3.3 所示。

表 3.3　静态工况拓扑优化具体的约束位置

前桥约束位置	后桥约束位置

(1)弯曲工况

约束前后悬置安装处相应节点的 X、Y、Z 三个方向的平动自由度,采用 3.5 倍的动载系数,垂直方向为实际载荷。

(2)转弯工况

垂直方向为实际载荷,Y 方向载荷为垂直方向载荷的 0.6 倍,约束四个车轮处的全部平动自由。

(3)制动工况

垂直方向为实际载荷,X方向载荷为垂直方向载荷的 0.8 倍,约束四个车轮处的全部平动自由。

(4)弯扭组合工况

除释放悬空一轮的三个自由度外,其余三个车轮处的平动自由度均约束。采用 1.5 倍的动载系数,垂直方向为实际载荷。本研究考虑左前轮悬空工况。

3.2.3　碰撞工况的设置

根据国家标准委员会颁布的各项法规[包括:《乘用车正面碰撞的乘员保护》(GB 11551—2014)[138]、《汽车侧面碰撞的乘员保护》(GB 20071—2006)[139]、《乘用车顶部抗压强度》(GB 26134—2010)[140]和《乘用车后碰撞燃油系统安全要求》(GB 20072—2006)[141]]设置正碰、侧碰和顶压和后碰工况下的拓扑优化边界条件。

(1)正碰工况

按照《乘用车正面碰撞的乘员保护》(GB 11551—2014),建立高 3m 的碰撞壁障,约束壁障的所有平动和转动自由度,设置装备所有乘员以及电池等附件质量的白车身沿 X 轴负方向移动的初始速度为 50km/h。定义白车身所有节点的自接触,白车身和刚性墙之间的面面接触。设置仿真时间 80ms,最终建立的正碰工况分析模型如图 3.4(a)所示。

(2)侧碰工况

按照《汽车侧面碰撞的乘员保护》(GB 20071—2006)建立了由碰撞块和移动车组成的移动变形壁障,并按照 GB 20071—2006 的附录 C 对移动变形壁障进行了尺寸和性能的验证。根据 GB 20071—2006 的要求,设置移动变形壁障以 50km/h 的速度撞击装备全部质量的白车身,碰撞过程中保持移动变形壁障的纵向中垂面轨迹垂直于被撞白车身的纵向中垂面。同正碰工况一样,设置白车身所有节点的自接触,定义白车身和吸能块之间的面面接触。设置仿真时间 80ms,最终建立的侧碰工况分析模型如图 3.4(b)所示。

(3)顶压工况

按照《乘用车顶部抗压强度》(GB 26134—2010)建立白车身顶压分析的有限元模型,如图 3.4(c)所示。采用长度为 1829mm、宽度为 762mm 的刚性墙对车顶进行垂直挤压,按照国家标准设置刚性墙的安装位置和滚翻角以及俯仰角,约束门槛梁处的所有平动和转动自由度。

根据国标要求,加载速度不应该超过 13mm/s,这属于准静态分析过程,对于有限元仿真计算而言,计算时间长,计算成本高。为节约计算成本,参考文献[142,143],采用 2235.2mm/s(5mile/h)的加载速度模拟顶压试验。同其他碰撞工况一样,设置白车身所有节点的自接触以及白车身和刚性墙之间的面面接触。

(4)后碰工况

按照《乘用车后碰撞燃油系统安全要求》(GB 20072—2006)的规定,轿车放置于水平地面,刚性墙以 50km/h 的速度撞击装备全部质量的白车身,同正碰工况一样,设置白车身所有节点的自接触,定义白车身和吸能块之间的面面接触。设置仿真时间 80ms,最终建立的侧碰工况分析模型如图 3.4(d)所示。

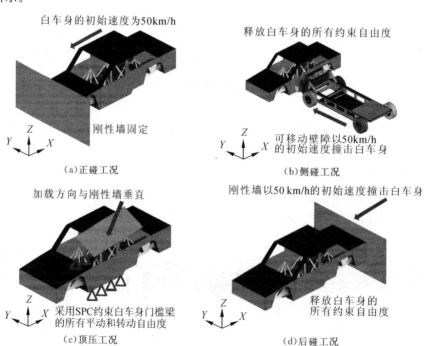

图 3.4　各碰撞工况的设置示意图

3.3　静态工况拓扑优化结果分析

3.3.1　单一静态工况拓扑优化

为探讨采用等效静态载荷法综合求解碰撞工况和静态工况的可行性，本节针对单一静态工况，对比研究了传统的变密度法直接求解和等效静态载荷法求解。

(1)变密度法直接求解

按照 3.2.2 节的工况设置，分别对白车身进行弯曲、转弯、制动和弯扭组合等静态分析工况下的拓扑优化。为方便结果对比，单一静态工况拓扑优化时只设置柔度最小为目标，约束白车身的体积分数。采用变密度法设置材料模型，利用序列二次规划算法直接求解线性静态拓扑优化问题。图 3.5 分别显示了弯曲、转弯、制动和弯扭组合工况下的拓扑优化密度分布云图。

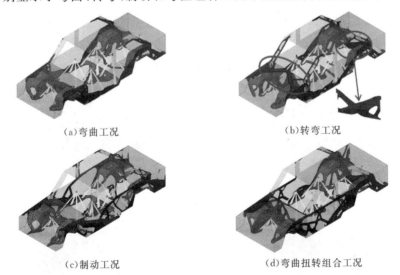

(a)弯曲工况　　　　　　　　　　　　(b)转弯工况

(c)制动工况　　　　　　　　　　　　(d)弯曲扭转组合工况

图 3.5　各静态工况拓扑优化的密度分布云图(只显示单元密度大于 0.3 的单元)

可以看出单一工况的静态拓扑优化的材料分布主要存在于车身底架，这是因为所有的车身载荷都分布于车身底架，而所有的静态分析工况都不涉及顶盖载荷，因而下车身是主要的承载部件。相较于其余三种工况的拓扑优化，弯曲工况的拓扑优化结果最为简单，基本只存在前后贯通连接前后轮的纵梁结构和左右贯通连接左右车身的横梁以分散座椅、电池等载荷质量,这是因为该工况只存在单一方向的受力(Z方向受力),而其余三个工况都存在多个方向的受力。转弯工况相较于弯曲工况,多了Y方向的受力,因而前舱和后舱多了一些Y型和X型的左右连接构件[如图3.4(b)的局部放大图所示]以维持车身结构的平衡。制动工况相较于弯曲工况,多了X方向的受力,因而在侧围形成了更为清晰的杆件分布。弯扭组合工况相较于弯曲工况,多了绕X方向的扭矩,因而优化结构中侧围的传力路径更为清晰,左右车身之间的连接构件也较为明显。

(2)等效静态载荷法求解

由之前的分析可知,在车身结构设计中,单一工况的拓扑优化设计和综合工况的拓扑优化设计同样重要,由于本书拟采用等效静态载荷法求解碰撞工况拓扑优化问题,有必要对等效静态载荷法求解静态拓扑优化问题的可行性进行分析。本节以弯曲工况和弯扭组合工况为例,对比分析了变密度法和等效静态载荷法求解同一优化问题的异同。

图3.6分别显示了利用两种方法求解同一个优化模型的拓扑优化密度分布云图,可以发现虽然在优化结束时,两种方法的目标函数都基本收敛到相同的数值(图3.7),但是两种方法获得的密度分布云图并不完全相同。

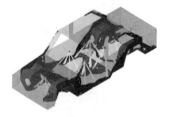

(a)弯曲工况下变密度法直接求解

(b)弯曲工况下等效静态载荷法求解

(c)弯扭组合工况下变密度法直接求解

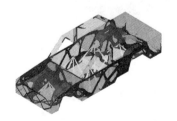

(d)弯扭组合工况下等效静态载荷法求解

图3.6　两种求解方法的密度分布云图(只显示单元密度大于0.3的单元)

基于等效静态载荷法获得的优化结构更为离散,例如采用变密度法直接求解时,任一种工况下前舱立面都没有材料分布,但是当采用等效静态载荷法求解同一优化问题时,前舱立面出现了明显的传力结构,这说明基于等效静态载荷法的拓扑优化方法求解静态工况问题,优化结果可以收敛,并且相较于变密度法直接求解,基于等效静态载荷法的最终优化结果可以更大化利用拓扑空间、设计承载结构。

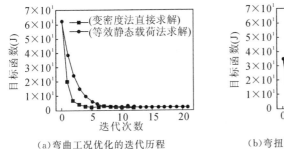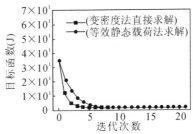

（a）弯曲工况优化的迭代历程　　　　（b）弯扭组合工况优化的迭代历程

图 3.7　两种求解方法的优化迭代历程

3.3.2　静态工况综合拓扑优化

针对单工况静态拓扑优化过程中顶盖、乘客座椅质量点施加处等会出现较大变形这一现象,将位移约束引入静态多工况拓扑优化过程,优化模型如下:

$$\text{Find}\quad b = (b_1, b_2, \cdots, b_n)^{\text{T}}$$

$$\min\quad C(b) = \left\{ \sum_{k=1}^{m} w_k^q \left[\frac{C_k(b) - C_k^{\min}}{C_k^{\max} - C_k^{\min}} \right]^q \right\}^{\frac{1}{q}}$$

$$\text{s.t.} \begin{cases} \boldsymbol{P} = \boldsymbol{KZ} \\ d(b_i) - d_0(b_i) \leqslant 0, A(b_i) - A_0(b_i) \leqslant 0 \\ 0.1 \leqslant V = \sum_{i=1}^{n} b_i v_i \leqslant 0.3 \\ 0 < b_{\min} \leqslant b_i \leqslant 1 \quad (i = 1, \cdots, n) \end{cases} \tag{3.11}$$

其中,$d(b_i)$ 为顶盖、前后舱盖和地板的 Z 方向挠度,本次优化取 $d_0(b_i) = 3\text{mm}$;$A(b_i)$ 为 A 柱的位移,本次优化取 $A_0(b_i) = 2\text{mm}$。对于目标函数,取 $m = 4$,$q = 2$,$w_k = 1$。

图 3.8(a)显示了静态多工况拓扑优化的密度分布云图,相较于单一工

况拓扑优化结果(图 3.6),多工况拓扑优化形成的车身结构更加完整。本次优化经历 32 次迭代达到收敛,迭代历程如图 3.8(b)所示,其中黑色的空心点表示目标函数的变化情况,灰色的空心点表示约束条件的变化情况,可以看出最大约束违反率从初始的 394.3% 下降为 0。

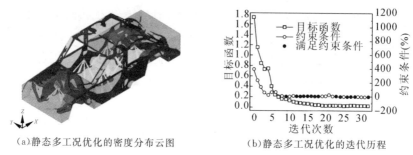

　　(a)静态多工况优化的密度分布云图　　　　(b)静态多工况优化的迭代历程

图 3.8　静态多工况拓扑优化结果[图(a)只显示单元密度大于 0.3 的单元]

3.4　碰撞工况拓扑优化结果分析

3.4.1　不同边界条件对碰撞工况拓扑优化结果影响

　　针对白车身结构的拓扑优化主要是在结构设计初期为设计人员提供力学性能合理的设计参考方案,鉴于概念设计阶段是很难获得包含底盘、动力总成等在内的详细有限元模型,因而怎样合理地简化载荷以及约束条件将是结构设计人员在拓扑优化阶段的关注重点之一。对于静态分析工况,仿真分析的约束与加载大多借鉴试验测试方案,采用单点约束模拟试验的约束装置,采用加力或力矩的方式模拟试验的加载条件,完成仿真分析后进行结构优化。但是,对于碰撞分析工况,目前还没有较为理想的优化方法来处理高度动态非线性问题,特别是对于设计变量较多的拓扑优化。现阶段最直接有效的解决方法就是将复杂的动态非线性问题等效成线性静态优化问题,该方法的最大问题在于动态分析和静态分析对边界条件的处理方法本来就有所不同,比如,侧碰工况的规定如下:质量为 950kg 的可移动壁障以 50km/h 的初始速度撞击整车侧面,这对于考虑摩擦和接触的动态分析过程而言只要处理好地面与轮胎之间的接触即可,但是对于静态分析过程而言,摩擦和接触是不需要考虑的。因此,本书提出四种边界条件的简化方案,以侧碰工况为例,研究适于碰撞工况的边界条件简化方法。

(1)边界条件的简化方案描述

简化方案一:采用单点约束(Single Point Constraints)约束白车身拓扑优化四个车轮轮心处的全部平动以及转动自由度,不考虑车轮质量,其余设置同3.2.3节中的侧碰工况设置,这样在动态分析和静态优化的等效过程中可以通过单点约束保证边界条件的相同;

简化方案二:采用单点约束白车身拓扑优化四个车轮处的全部转动和X、Z方向的移动自由度,释放白车身沿着移动变形壁障运动轨迹方向上的移动自由度,其余设置同方案一;

简化方案三:释放车轮处的所有约束,不考虑车轮质量,其余设置同3.2.3节中的侧碰工况设置,在动态分析和静态优化的等效过程利用惯性恢复来确保边界条件的等价性;

简化方案四:释放车轮处的所有约束,在车轮中心位置加上集中质量,其余设置同方案三。

(2)不同简化方案的碰撞结果分析

按照上述简化方案设置碰撞分析模型,利用 LS-DYNA 软件进行侧碰分析,本书分别以分析模型一、分析模型二、分析模型三和分析模型四指代各简化方案的碰撞分析结果,分别从能量变化曲线和变形时序图两个方面来对比不同简化方案的碰撞结果。

①能量分析

碰撞中的整个系统能量变化情况是评价该模型建模是否正确的重要指标之一,图3.9对比了四种侧碰分析模型的动能、内能和总能量的变化情况。可以发现在整个碰撞过程中,所有分析模型的总能量守恒,并且所有能量曲线变化平稳,没有太大的起伏和波动,说明数值仿真结果基本可信。

除分析模型一以外,其余三种分析模型的能量曲线变化基本相同,分析模型一的最终内能值远高于其余模型,而动能值却远低于其余模型。在前20ms内,四种分析模型的能量曲线变化趋势基本相同,内能快速增加而动能快速下降;在第20ms至第50ms时,分析模型一依然保持内能的快速增长和动能的急剧下降,但是其余三种分析模型的内能和动能的变化速率慢慢降低,并在50ms以后保持不变,而分析模型一在60ms以后才达到能量变化的稳定值。

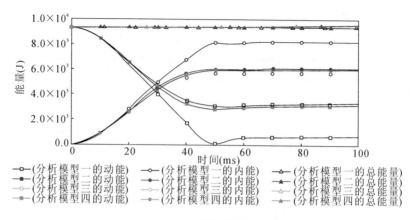

图 3.9　四种分析模型的能量曲线

　　由于分析模型一约束白车身四个车轮处的所有移动和转动自由度,因而在整个碰撞过程中白车身基本不移动,进而吸收了大部分的冲击动能,所以碰撞结束时总体的内能值较大;而其余三个模型并未完全约束白车身,因而在碰撞的过程中移动变形壁障或多或少会推着白车身移动,所以白车身吸收的能量远小于分析模型一,并且由于并未考虑白车身与地面的摩擦,所以白车身并不会停止运动,因而移动变形壁障的冲击动能还有一大部分转化为白车身的动能而不是内能,所以这三种部分约束或是完全无约束的分析模型的最终系统内能较小,系统动能较大。

　　②变形时序分析

　　本部分主要需要讨论何种简化方案更适合基于等效静态载荷法的碰撞工况拓扑优化,由于正文篇幅有限,详细的碰撞变形时序图列举在附录 A,图 3.10 显示了四个分析模型在 60ms 时的变形图示。

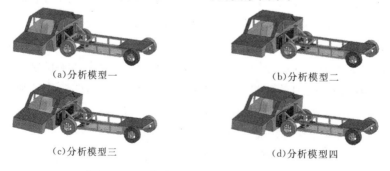

(a)分析模型一　　　　　　　　　　　　(b)分析模型二

(c)分析模型三　　　　　　　　　　　　(d)分析模型四

图 3.10　四个分析模型在 60ms 时的变形图示

可以发现,若约束白车身四个车轮处的所有移动和转动自由度(分析模型一),则移动变形壁障前端的吸能块从接触白车身左侧围的一刻开始变形直至60ms左右完全压溃,随后被车轮处完全固定住的白车身弹开;而白车身由于自身的移动自由度完全被约束,因而只有左侧围发生变形。

若释放白车身沿着移动变形壁障运动轨迹方向上的移动自由度(分析模型二),则移动变形壁障前端的吸能块依旧从接触白车身左侧围的一刻开始变形吸能直至完全压溃,而白车身也随着移动变形壁障的移动而运动,并没有将移动变形壁障给弹开。白车身的变形主要发生在左侧围。

分析模型三和分析模型四的变形时序基本类似,由于没有给白车身施加任何额外的约束,所以移动变形壁障施加给其的冲击力一部分转化为白车身结构的变形能,一部分转化为白车身的平动动能,还有一部分转化为白车身绕 X 轴转动的转动能。虽然分析模型四考虑了车轮质量,而分析模型三没有考虑车轮质量,但由于车轮质量远小于整个白车身及其附件的质量,所以对于该工况是否考虑车轮质量对结果影响不大。

从侧碰变形时序图来看,方案三和方案四的白车身变形更接近真实,因为在实际的撞车过程中被撞击车辆并不可能完全固定在原地吸收所有的冲击动能,车轮和地面接触但并未完全固定死,因而在侧向撞击力的作用下被撞车辆可能发生滑移和侧倾甚至翻滚。下文进一步从拓扑优化的结果来对比各种边界简化方法的异同。

(3)不同简化方案的拓扑优化结果分析

采用3.1.4节中的基于等效静态载荷的拓扑优化方法,对上述四种侧碰工况的简化分析模型进行拓扑优化。为方便结果对比,选择相同的优化时刻和优化设置,本节拓扑优化采用的数学模型如下:

Find　　$b \in \boldsymbol{R}^m$

min　　$\boldsymbol{F}(b) = \boldsymbol{P}^{\mathrm{T}} \boldsymbol{Z} = \boldsymbol{Z}^{\mathrm{T}} \boldsymbol{K} \boldsymbol{Z}$

$$\text{s.t.}\begin{cases} \boldsymbol{M}(b)\ddot{\boldsymbol{z}}_{\mathrm{N}}(t) + \boldsymbol{C}(b)\dot{\boldsymbol{z}}_{\mathrm{N}}(t) + \boldsymbol{K}_{\mathrm{N}}[b, \boldsymbol{z}_{\mathrm{N}}(t)]\boldsymbol{z}_{\mathrm{N}}(t) - \boldsymbol{P}(t) = 0 \\ t = 40\mathrm{ms} \\ 0.1 \leqslant \boldsymbol{v}^{\mathrm{T}} \boldsymbol{b}/V \leqslant 0.3 \\ 0 < b_{\min} \leqslant b_i \leqslant 1 \quad (i = 1, \cdots, m) \end{cases} \tag{3.12}$$

　　式(3.12)中的参数基本定义参见 3.1.2 节。前两种简化方案的初始分析模型中包含单点约束,因而在拓扑优化的等效静态模型中依然采用单点约束来处理边界条件;后两种简化方案释放分析模型的所有约束,因而在拓扑优化的等效静态模型中采用约束释放、惯性恢复的方法处理被撞击车辆的约束边界。

　　利用等效静态载荷法对白车身结构进行了侧碰工况下的优化,四种简化方案的拓扑优化的材料密度分布云图如图 3.11 所示。可以发现若采用单点约束作为侧碰分析的简化边界条件[图 3.11(a)、(b)],优化出来的材料分布主要集中在车身中部,即左、右侧围以及与之相连的部分顶盖和底架结构上,而前后舱则没有材料分布;反之,若采用约束释放作为侧碰分析的简化边界条件[图 3.11(c)、(d)],优化后的车身结构不仅在左、右侧围上集中分布材料,还在前、后舱以及顶盖上形成一些环状结构以连接左右车身。因而从拓扑优化的结果上来看采用约束释放、惯性恢复的边界条件简化方法更利于考虑碰撞工况的拓扑优化。

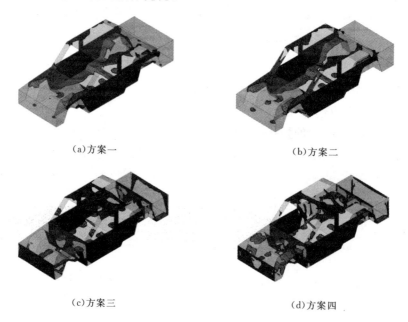

　　　　(a)方案一　　　　　　　　　　　　　　(b)方案二

　　　　(c)方案三　　　　　　　　　　　　　　(d)方案四

图 3.11　不同简化方案的拓扑优化结果(只显示单元密度大于 0.3 的单元)

3.4.2 不同优化时刻对碰撞工况拓扑优化结果的影响

碰撞过程具有强烈的时间相关性,每一时刻的结构变形或是受力情况都是不同的,因而选择不同的碰撞时刻进行拓扑优化获得的结构也应该是不同的。本节以正碰工况为例,按照 3.2.3 节中的正碰工况设置建立车身结构正碰工况有限元分析模型,探讨了优化时刻对拓扑优化结果的影响。

(1)正碰工况的碰撞结果分析

基于 3.4.1 节的分析讨论,采用约束释放作为碰撞分析的边界条件以便后续的拓扑优化,图 3.12 显示了正碰工况的仿真模拟结果。

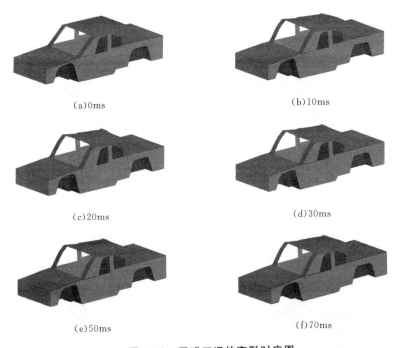

(a)0ms   (b)10ms

(c)20ms   (d)30ms

(e)50ms   (f)70ms

图 3.12 正碰工况的变形时序图

(2)不同优化时刻的拓扑优化结果

根据正碰仿真结果,选择白车身正碰过程中的若干时刻进行拓扑优化,为方便结果对比,只考虑应变能最小作为优化目标,约束体积分数。图 3.13 至图 3.15 分别从白车身刚接触刚性墙时刻(前 4ms)、车头开始下沉时刻(10ms 左右)以及碰撞后期(20ms～70ms)这三个角度总结了不同优化时刻的白车身的最优材料分布。

　　图 3.13(a)显示了白车身刚接触刚性墙时的密度分布云图,此时材料的分布主要集中在前舱前部以及质量点施加处;随着接触时间的增加,材料的分布逐渐向着前舱后部、A 柱以及顶盖前部移动,而不再单一地集中在前舱前部。

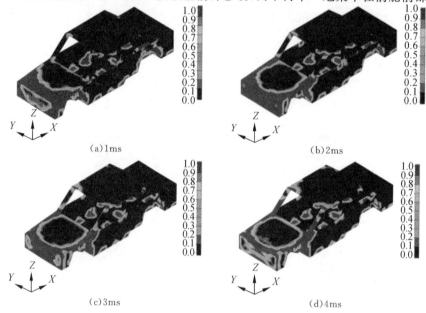

图 3.13　碰撞初始时刻的拓扑优化密度分布云图

　　图 3.14 显示了碰撞中期的拓扑优化结果,相较于碰撞初期,碰撞中期的最优白车身结构更倾向于在上车身结构布置更多材料,A 柱、B 柱、C 柱以及顶盖逐步形成清晰明显的传力结构。

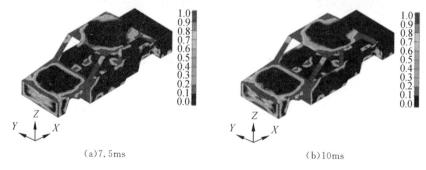

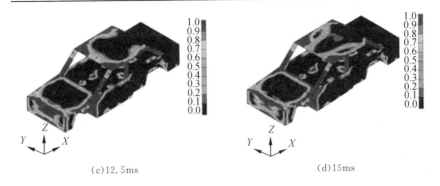

(c)12.5ms　　　　　　　　　　　　　(d)15ms

图 3.14　碰撞中期的拓扑优化密度分布云图

　　图 3.15 显示了碰撞后期的拓扑优化结果。随着碰撞时间的推移,最优结构的顶盖材料分布逐步减少,这是因为在碰撞的后期,车身结构与刚性墙的接触逐渐减少,准备进入回弹状态,所以最优的材料分布也逐步向车身前部移动。纵观整个正碰时间历程上的优化结果,尽管最优的材料始终分布集中在车身结构的前部,但不同时刻的优化结果还是存在一定差异。因此对于碰撞分析这样一个时间相关性较强的分析过程,需要将多个分析时刻综合到同一个优化过程中。

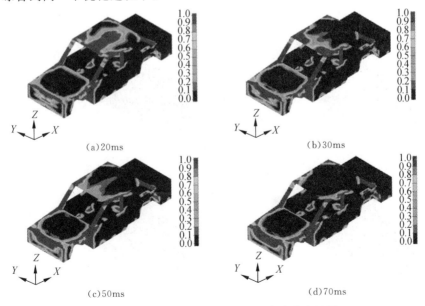

(a)20ms　　　　　　　　　　　　　(b)30ms

(c)50ms　　　　　　　　　　　　　(d)70ms

图 3.15　碰撞后期的拓扑优化密度分布云图

　　(3)正碰工况的多碰撞时刻的拓扑优化

　　本书将碰撞过程分为碰撞初期、碰撞中期和碰撞后期,为将多个碰撞时刻纳入同一拓扑优化过程,分别从各个碰撞时期选择 1 个、2 个、3 个和 4 个碰撞时刻纳入多碰撞时刻的拓扑优化过程中。本节对比分析了考虑 3 个优化时刻、6 个优化时刻、9 个优化时刻和 12 个优化时刻的正碰工况的拓扑优化结果。

　　图 3.16 显示了纳入拓扑优化的碰撞时刻(简称优化时刻)数目的多少对最终密度分布云图的影响。可以看出综合了多个优化时刻的正碰拓扑优化的最终材料分布依然集中在车身前部,不管是考虑 3 个优化时刻、6 个优化时刻抑或是 12 个优化时刻的拓扑优化,所形成的最优车身结构仅在前舱前立面存在稍许不同,而整个车身的材料分布基本相同,仅有细微差别。

　　图 3.17(a)对比了考虑不同优化时刻数目的拓扑优化目标函数变化历程。可以发现无论考虑多少个优化时刻,迭代历程曲线基本相同,迭代次数十分相近,最后也基本收敛到同一数值。图 3.17(b)对比了考虑不同优化时刻数目对整个优化过程的计算时间影响。可以看出利用同样的计算资源求解同样的碰撞拓扑优化问题,随着纳入的优化时刻数目增多,计算时间基本呈现指数增长的趋势。

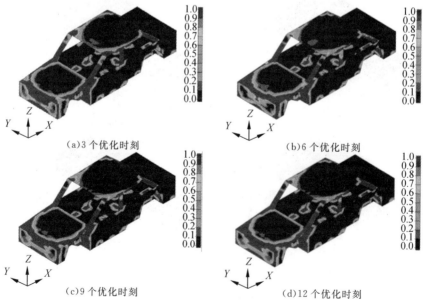

(a)3 个优化时刻　　　　　　　　　　(b)6 个优化时刻

(c)9 个优化时刻　　　　　　　　　　(d)12 个优化时刻

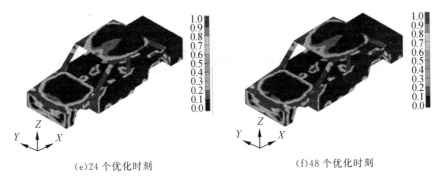

(e)24 个优化时刻　　　　　　　　　　(f)48 个优化时刻

图 3.16　考虑不同优化时刻数目的拓扑优化密度分布云图

　　尽管纳入拓扑优化的碰撞时刻数目越多,对整个碰撞过程的模拟越精细,从理论上而言,最终的拓扑优化结果应该更完善。但实际的研究分析显示:纳入拓扑优化的碰撞分析时刻的多少并不会对最终形成的最优车身结构产生本质性的影响,并且优化后的目标函数也基本收敛到同一数值。这可能是因为在同一碰撞分析过程中,结构受到的外载荷方向是一定的,尽管随着时间的变化,冲击载荷的大小会发生变化,但应对这样一个冲击载荷的结构传力路径是基本相同的,所以选择代表性的碰撞分析时刻,进行基于等效静态载荷法的碰撞工况拓扑优化,所获得的优化结果是可以较为真实地反映结构在应对该冲击载荷时的传力路径。

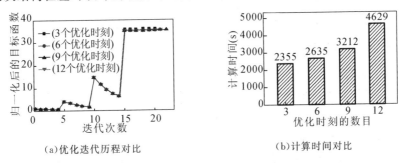

(a)优化迭代历程对比　　　　　　　　(b)计算时间对比

图 3.17　考虑不同优化时刻数目的拓扑优化结果对比

　　因此,对于碰撞工况的拓扑优化,在综合考量计算时间和计算成本之后,可以纳入一定数目的碰撞分析时刻到拓扑优化中,以提高优化结果的可信性。

3.4.3　碰撞工况综合拓扑优化结果分析

前面两小节的分析研究着重强调分析边界条件以及优化时刻对碰撞工况的影响,仅考虑车身结构刚度最大这一优化目标,而并没有将乘员舱变形等其他重要影响因素纳入优化。而实际上,当汽车发生碰撞时,白车身结构的首要任务则是保证乘员安全,即保证乘员舱的生存空间,减少乘员舱外部结构的侵入或变形以减少乘员受到的伤害。

本节将正碰、侧碰、顶压以及后碰等四个碰撞工况纳入同一次优化分析过程,采用 3.1.2 节提出的多工况拓扑优化目标函数的定义方法处理多碰撞工况优化问题,所形成的优化模型如下:

Find　$b \in \boldsymbol{R}^m$

$$\min \quad C(b) = \left\{ \sum_{k=1}^{m} w_k^q \left[\frac{C_k(b) - C_k^{\min}}{C_k^{\max} - C_k^{\min}} \right]^q \right\}^{\frac{1}{q}}$$

$$\text{s. t.} \begin{cases} \boldsymbol{M}(b)\ddot{\boldsymbol{z}}_N(t) + \boldsymbol{C}(b)\dot{\boldsymbol{z}}_N(t) + \boldsymbol{K}_N[b, \boldsymbol{z}_N(t)]\boldsymbol{z}_N(t) - \boldsymbol{P}(t) = 0 \\ (t = t_0, t_1, \cdots, t_n) \\ RD_j(b_i) - RD_0 \leqslant 0 \quad (j = 1, 2, \cdots, l) \\ V = \sum_{i=1}^{n} b_i v_i \leqslant f V_0 = V^* \\ 0 < b_{\min} \leqslant b_i \leqslant 1 \quad (i = 1, \cdots, m) \end{cases} \quad (3.13)$$

其中 RD_j 表示乘员舱顶盖与地板之间、左侧围与右侧围之间以及 A 柱与 C 柱之间的 Z 方向、Y 方向和 X 方向的相对位移,根据碰撞分析结果选择若干变形较大的节点作为顶盖、地板、左右侧围以及 A 柱、C 柱的位移响应并纳入约束条件。

基于 3.4.1 节对边界条件的讨论,选择约束释放来处理正碰、侧碰和后碰工况的碰撞分析过程,并在接下来的动态分析和静态优化的等效过程中利用惯性恢复来确保边界条件的等价性。对于顶压工况,由于分析模型本身就不存在整车(优化车辆或是可移动壁障车)的移动,因而直接按照 3.2.3 节描述的工况设置进行分析。基于 3.4.2 节对优化时刻的讨论,每个分析工况各选择 6 个代表性的碰撞时刻纳入多碰撞工况拓扑优化中。最终,碰撞工况的综合拓扑优化结果如图 3.18 所示。

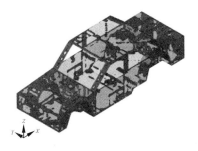

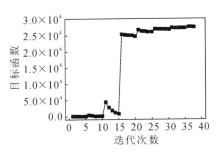

(a)多工况优化的密度分布云图   (b)多工况优化的迭代历程

图 3.18   动态多工况拓扑优化结果[图(a)只显示单元密度大于 0.3 的单元]

3.5   骨架式车身结构的建立

(1)综合工况拓扑优化

为获得一个完整的车身承载骨架,还需全面考察车身结构在不同载荷工况下的受力承载状况,可以按照 3.1.4 节提出的基于拓扑优化的车身结构建立流程将多个静态工况和碰撞工况综合到同一优化过程中。

由之前的分析可知车身结构在不同工况下获得的拓扑优化最优材料分布云图不同,静态工况获得的车身结构材料分布倾向于集中在下车身特别是乘员舱处,而碰撞工况获得的车身结构则倾向于向前、后舱立面等外力施加处布置材料,这意味着综合工况拓扑优化需要协调好各个工况对车身结构材料分布的影响。表 3.4 总结了不同分析工况下车身结构拓扑优化获得的最优材料分布主要集中于何处,例如:转弯工况下,车身结构的最优材料分布主要集中在下车身,并以乘员舱为基准向前后舱延伸材料分布,因此,认为转弯工况下的拓扑优化对下车身结构的形成做较大贡献,贡献程度记为 2;而对前舱和后舱的结构布置做次要贡献,贡献程度记为 1。将不同工况对同一车身分总成的材料分布贡献度相加,得到八个分析工况对各个总成材料分布的贡献程度,可以看出能够形成明显的后舱或是上车身结构的分析工况较少,若是平均分配八个工况的权重系数,拓扑优化后可能难以形成后舱或是上车身的传力结构。因此,将每个工况对不同分总成贡献度归一化后求和,以此作为综合工况拓扑优化时各个工况的权重系数,有意识地调整和控制分总成结构的形成。表 3.5 显示了归一化后的各工况权重系数。

表 3.4　不同工况对车身总成材料分布的贡献度

	弯曲	转弯	制动	弯扭组合	正碰	侧碰	顶压	后碰	总和
前舱	1	1	1	1	2	1			7
上车身						2	2		4
下车身	2	2	2	2	1			1	10
后舱		1						2	3

表 3.5　权重系数的取值

分析工况	弯曲	转弯	制动	弯扭组合	正碰	侧碰	顶压	后碰
权重系数	0.09	0.12	0.09	0.09	0.10	0.17	0.13	0.20

　　将各个工况的应变能响应作为优化目标,约束顶盖、地板以及前后舱盖在静态工况下的位移以保证结构刚度,得到最终的优化结果,如图 3.19所示。

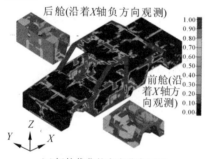
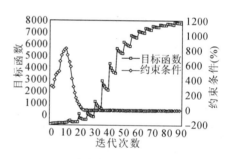

（a）拓扑优化的密度分布云图　　　　（b）拓扑优化的迭代历程

图 3.19　基于拓扑优化的车身结构建立[图(a)只显示单元密度大于 0.3 的单元]

　　图 3.19(a)显示了同时考虑碰撞和静态工况拓扑优化的密度分布云图,相较于单一的静态工况综合优化(3.3.2 节)或是碰撞工况拓扑优化结果(3.4.3 节),同时考虑碰撞和静态工况的拓扑优化形成的车身结构更加完整。本次优化共经历 89 次迭代达到收敛,迭代历程如图 3.19(b)所示,其中□的空心点表示目标函数的变化情况,◇的空心点表示约束条件的变化情况,可以看出优化后的约束违反率为 0。

　　(2)车身骨架的初步设计

　　依据综合工况拓扑优化结果,考虑到制造加工的方便性,采用壁厚统一的型材,建立骨架式车身结构,如图 3.20 所示。其中,深色编号表示下车身杆件,浅色编号表示上车身杆件;f_1,f_2,f_3 表示副车架杆件。所有杆件均采用板厚为 2.5mm 的型材制成,材料为 Q235,弹性模量为 2.06×10^5 MPa,密度为 $7.85\times10^3 kg/m^3$,泊松比为 0.3。

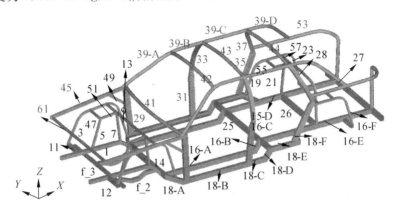

图 3.20　骨架式车身结构

　　为方便描述,每根杆件都有相应编号。定义车身坐标系为全局坐标系,对于左右对称杆件,规定位于 Y 轴正方向的杆件为第 i(奇数)号杆件,则位于 Y 轴负方向相应位置的杆件为第 $i+1$(偶数)号杆件。由于图纸空间有限,对于立柱只标注奇数号的杆件的编号,对于下车身结构的纵梁只标注偶数号杆件的编号,对于上车身结构的纵梁只标注奇数号杆件的编号。每根杆件的长度、截面类型以及使用材料详见附录 B。

　　为了清晰说明如何依据拓扑优化结果建立骨架式车身结构,图 3.21 至图 3.23 分别显示了前舱、顶盖和地板的拓扑优化结果和相应车身骨架结构的设计结果。各部分的设计以拓扑优化结果为依据,重点参考相对密度大于 0.1 的部分。例如:图 3.23(a)显示的前舱下部形成的纵向传力结构,在前舱布置较为粗壮的前纵梁杆件,使其能更好地传递载荷。

(a)材料优化分布图

(b)骨架设计图

图 3.21　前舱骨架结构图[图(a)只显示单元密度大于 0.3 的单元]

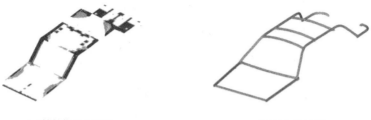

（a）材料优化分布图　　　　　　　　（b）骨架设计图

图 3.22　上车身部分骨架结构图[图(a)只显示单元密度大于 0.3 的单元]

（a）材料优化分布图　　　　　　　　（b）骨架设计图

图 3.23　地板骨架结构图[图(a)只显示单元密度大于 0.3 的单元]

3.6　本章小结

　　本章将等效静态载荷法引入拓扑优化设计中,提出一套基于拓扑优化的骨架式车身结构建立流程。为探讨该方法的可行性,分别将基于等效静态载荷法的拓扑优化方法应用于弯曲、转弯、制动和弯扭组合等四个典型静态工况以及正碰、侧碰、顶压和后碰等四个典型碰撞工况中,并分析了碰撞工况拓扑优化的若干影响因素,得到如下结论:

　　(1)分别采用变密度直接求解法和等效静态载荷法求解同一静态拓扑优化问题,两种方法的优化目标基本收敛到相同的数值,但是两种方法获得的密度分布云图并不完全相同,基于等效静态载荷法获得的优化结构更为离散,传力路径更加明显,最终的优化结果可以更大化地利用拓扑空间设计承载结构。

　　(2)对于侧碰工况,释放被撞击车辆车轮处的所有约束,在动态分析和静态优化的等效过程利用惯性恢复来确保边界条件的等价性是较为合适的边界条件简化方法。相较于单点约束的边界条件简化方法,约束释放、惯性恢复的边界条件简化方法可以更真实地反映被撞车辆在侧向撞击力的作用下可能出现的滑移和侧倾甚至翻滚等现象,拓扑优化的结果也更为真实可信。

(3)碰撞分析是一个高度动态非线性过程,因而具有强烈的时间相关性,每一时刻车身结构的变形不同、受力不同,因而碰撞工况的拓扑优化密度分布云图也与时间密切相关,可以将多个碰撞分析时刻综合到同一个优化过程中。

(4)当纳入拓扑优化的碰撞分析时刻达到一定数目时,额外增加碰撞分析时刻并不会对最终形成的最优车身结构产生本质性的影响,并且随着纳入的优化时刻数目增多,计算时间呈指数增长的趋势。因此,对于碰撞工况的拓扑优化,权衡计算时间和计算成本,可以纳入一定数目的碰撞分析时刻到拓扑优化中,以提高优化结果的可信性。

(5)根据本书提出的基于拓扑优化的车身结构建立流程,将多个静态工况和碰撞工况纳入同一优化过程,利用折衷规划法将应变能响应和相对位移响应综合到同一目标函数表达式,采用等效静态载荷法求解拓扑优化问题,获得的车身骨架结构清晰、传力路径明显,验证本书提出的车身结构建立方法切实可行。

4 骨架式车身结构静态工况力流仿真分析方法

拓扑优化通过 von misses 等效应力准则来确定材料的分布,可以获得最佳的构件分布关系。该方法通过保留承载结构中贡献量较大的单元,删除贡献量较小的单元,以构成最佳的结构关系。但是拓扑优化并不能明确地指出单元贡献的到底是拉力、压力、弯矩或是扭矩,换而言之,拓扑优化结果只包含路径信息,并不能很好地反映结构的承力状态与传递关系。而弄清结构的承力状态与传递关系,有助于了解材料利用是否有效、结构传力方式是否合理,确保设计结构能够维持物体形态、实现特定功能,因此有必要引入流的概念,在弄清楚结构传力路径的基础上,进一步明确载荷在结构内的分配信息。车身结构力流分析方法有助于全面理解结构的传力路径和流量分配,可为车身结构设计提供迅速、直观、准确的理论依据,同时为结构改进提供合理的措施。

4.1 车身骨架的构成元素

骨架式车身的承载结构多由薄壁杆件组成,如图 4.1 所示。薄壁杆件具有轻质、高刚度等优良特性,因而极为适合承载工况复杂且轻量化需求较高的车身结构。但是,薄壁杆件即使在简单外力的作用下也可能表现为一个复杂的受力状态,常常表现为拉压弯扭的联合作用,因此,针对薄壁杆件构成的骨架式车身结构,引入力流分析方法,判断识别每根杆件的受力状态,弄清楚车身结构的力学特性。

薄壁杆件是指截面厚度较小的杆件,其长度 l、截面轮廓尺寸(横截面上的最大尺寸、如直径、高 h、宽 b 等)和板件的厚度 t 三者属于不同量级,即 l/b 和 $l/h \geqslant 10$, b/t 和 $h/t \geqslant 10$ 。纵横交错的薄壁杆件形成的复杂结构,不同方向的杆件通过接头连接,形成一个完整的车身承载结构。本书将单元局部坐标在全局坐标系中保持不变的薄壁杆件称为杆件单元,不同杆件之

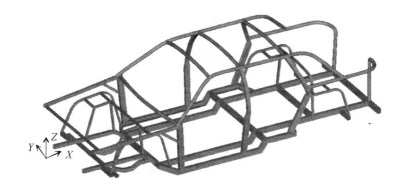

图 4.1　骨架式车身的承载结构

间的连接单元称为接头元素。每个接头元素可能只与两个杆件单元相连，也有可能和多个（三个及以上）杆件单元相连。包含两个杆件单元的接头称为二向杆件接头，包含多个杆件单元的接头称为多向杆件接头。图 4.2 分别显示了本书力流分析的车身结构各种杆件单元的连接形式。

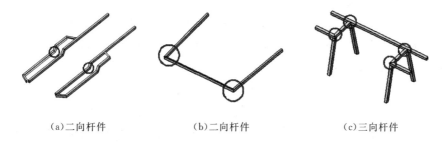

<table>
<tr><td>（a）二向杆件</td><td>（b）二向杆件</td><td>（c）三向杆件</td></tr>
</table>

图 4.2　车身承载结构薄壁杆件的连接形式

　　二向杆件既包括截面类型相同但杆件走向发生变化（杆件单元局部坐标不同）的情况，如图 4.2（a）显示的 16 号杆件地板内侧纵梁的 16-A 段和 16-B 段所组成的二向杆件；也包括截面类型不同的杆件单元相互连接的情况，如图 4.2（b）显示的 61 号杆件前舱盖前横梁与 45 号杆件前舱盖纵梁所组成的二向杆件。一般而言，出于制造加工方便性的考虑，很少出现两根杆件截面类型不同但是杆件走向相同的情况。

　　与此类似，三向或是四向杆件可以由三根或者四根杆件走向完全不同的杆件构成，杆件的截面类型可以完全相同也可以有一定变化，如图 4.2（c）所示。与二向杆件不同，多向杆件很难确保多个截面连接处的平滑过渡，例如 A 柱、前舱盖纵梁、前挡风玻璃下横梁和 A 柱下立柱之间的连接，既存在不同截面尺寸的矩形截面之间的连接,还存在圆形截面与矩形截面之间的连接。

　　由上述讨论可知,骨架式车身是由多个多向杆件相连接形成的复杂承载结构,任何多向杆件都是由杆件和接头组成的,杆件和接头就是车身骨架的基本组成元素。下文针对这些基本元素,提出骨架式车身结构的力流分析方法。

4.2　静态工况力流分析基本原理

　　力流分析的基本思想是弄清楚力从施力点到约束点的传递轨迹,通过判断力在结构中分布状态以及传递轨迹,进而全面理解结构的传力路径和流量分配。

　　骨架式车身结构是由薄壁杆件组成的空间承载网络,在受到外部作用力时,结构的承载网络需要迅速将力分散传递至整个车身。车身结构中力的传递是通过杆件与杆件之间的相互接触(接头)来进行的,力的传递方向即力流的流动方向,杆件的受力类型即力流的传递状态。力流在结构中的传递不会突然中断,任何一条力线都不会凭空出现或是消失,必然是从一处传入,再从另一处传出,这是力流的基本特性之一。力流的另一个特性是它倾向于沿最短的路线传递,从而在最短路线附近力流密集,形成高应力区,其他部位力流稀疏,甚至没有力流通过。因此,为了提高构件的刚度,应该尽可能按力流最短路线来设计零件的形状,减少承载区域,从而使累积变形减小,提高整个构件的刚度,使材料得到充分利用。

　　根据第1章第1.4节的综述可知目前国内外还没有一个广泛接受的方法来定义力流,不同的专家学者根据实际需求提出了不同的定量化力流分析方法。本章针对骨架式车身的结构特点,提出运用高精度梁单元结合接头单元建立车身结构力流分析模型的方法。根据有限单元法的基本原理,探讨杆件传力和接头传力的基本规律,通过结构分析,获得杆件各个截面包含位移信息和内力信息的截面状态向量。根据状态向量的内力信息,可将每根杆件任意截面的内力按照单元局部坐标系的轴向、水平以及垂直三个方向分解为三个方向内力分量和内力矩分量,从而获得杆件的内力成分。在此基础上,获得车身结构的轴向内力传递图、横向剪力传递图、扭矩传递图以及弯矩传递图,进一步分析车身结构的力流传递。此外,还可以计算每根杆件不同的内力成分产生的应力成分大小,通过内力成分和应力成分,定性分析车身结构每根杆件的力学特性,了解车身结构的主要承载构件,分析结构的高应力成因,进而对结构的局部改进提出修改意见,使材料得到充分利用并可减轻结构质量,为车身的改型设计提供参考。

4.2.1　梁单元理论模型

相较于二维壳单元和三维实体单元,一维梁单元具有建模简单、计算效率高等优势。此外,一维梁单元非常适合模拟中空的薄壁杆件,并且通过后处理可以直观显示每根杆件的受力状态,因而十分适用于骨架式车身结构力流分析模型的建立。

静态工况下薄壁杆件的应力与应变状态分析通常采用三个基本假设[144],第一,纵向纤维互不挤压假设:即杆件各层材料只能发生轴向变形,不考虑侧向挤压作用;第二,平面假设:即在杆件垂直于轴线的横截面内,变形前后仍保持为平面;第三,周边不变形假设:即杆件受扭转变形前、后横截面周边的形状保持不变。理论研究[145]显示,对于开口截面,由于其形心和剪心不重合,在发生横向弯曲的同时很容易产生附加的扭转变形,即弯扭耦合产生翘曲变形,相对而言闭口截面的弯扭耦合现象并不严重。因此,本章采用考虑横向剪切因素的 Timoshenko 梁单元模型来建立闭口截面的车身结构薄壁杆件,将翘曲变形引入 Timoshenko 梁单元模型,建立 7 自由度梁模型模拟开口截面的车身结构薄壁杆件。

(1)梁单元的单元坐标系

以 Timoshenko 梁单元来建立薄壁杆件单元的有限元模型。梁单元坐标如图 4.3 所示,其中 C 点为形心,S 点为剪心(梁截面上剪流的合力作用点,亦称为弯曲中心或剪切中心),N 点为非结构质量中点。节点 GI 可以通过定义偏置矢量 w_i 偏移到端点 i,节点 GJ 可以通过定义偏置矢量 w_j 偏移到端点 j。本书以剪心描述梁单元的横截面,端点 i 和端点 j 确定 x_{elem} 轴,x_{elem} 轴通过剪心,y_{elem}、z_{elem} 轴为截面的剪心主惯性轴;x 轴通过横截面形心,y 轴和 z 轴为截面的形心主惯性轴。通过方向矢量确定 v,进而由 v 和 x_{elem} 轴确定平面 1(x_{elem},y_{elem} 坐标平面),用右手法则确定平面 2(x_{elem},z_{elem} 坐标平面)。在该坐标系中,中性点和非结构质量中点可以分别用坐标(C_y,C_z)和(N_y,

N_z)确定。

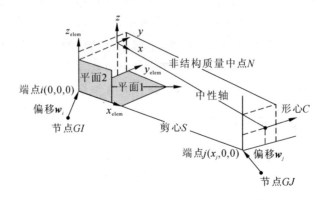

图 4.3　梁单元的单元坐标系

（2）梁单元的单元刚度矩阵

假定横向载荷作用在截面的形心处，若梁单元横截面的剪心与形心不重合，则横截面的力矩不平衡，产生附加的扭矩，杆件截面除了产生平动位移和绕其中性轴的转动外，还会在附加扭矩作用下产生绕其剪心的转动，即弯曲变形同时还存在附加的扭转变形，导致横截面产生翘曲变形。为描述翘曲作用，引入与约束扭转相关的参数——弯扭双力矩 B 来描述翘曲产生的内力，与此对应的节点位移中引入扭角变化率 $\theta_i{}'$ 来描述翘曲位移，表示为：

$$\theta_i{}' = \frac{\mathrm{d}\theta_{xi}}{\mathrm{d}x} \tag{4.1}$$

因此，考虑翘曲变形的薄壁梁单元节点 i 的位移可表示为

$$\boldsymbol{d} = [u_i, v_i, w_i, \theta_{xi}, \theta_{yi}, \theta_{zi}, \theta_i{}']^{\mathrm{T}} \tag{4.2}$$

上式中 u_i 为形心沿 x 轴的位移；v_i、w_i 分别为截面剪心在 y_{elem}、z_{elem} 轴方向的平动位移；θ_{xi}、θ_{yi}、θ_{zi} 分别为截面绕 x、y、z 轴的转角，θ_i 为翘曲角。

而相应的节点力可以表示为

$$\boldsymbol{f} = [U_i, V_i, W_i, M_{xi}, M_{yi}, M_{zi}, B_i]^{\mathrm{T}} \tag{4.3}$$

其中 U_i 为轴向力；V_i、W_i 分别为截面关于剪心在 y_{elem}、z_{elem} 轴方向的剪力；M_{xi} 为纯扭转产生的绕 x 轴的扭矩；M_{yi}、M_{zi} 分别为关于 y、z 轴的弯矩（注：剪力以剪心所在的坐标系进行描述，其余分量的力以中性轴所在的坐标系进行描述）。

以 i 和 j 分别表示第 k 个梁单元上的左右两个节点，结合上述节点位移

向量式(4.1)和节点力向量式(4.2),可得梁单元的单元位移和单元力向量:

$$\boldsymbol{d}^e = [d_i, d_j]^\mathrm{T} \quad \boldsymbol{f}^e = [f_i, f_j]^\mathrm{T} \tag{4.4}$$

进而:

$$\boldsymbol{f}^e = \boldsymbol{k}^e \boldsymbol{d}^e \tag{4.5}$$

式(4.5)中的单元刚度矩阵 $\boldsymbol{k}^e$ 为 14×14 阶矩阵,其中

$$k_{11} = k_{88} = -k_{81} = EA/l \quad k_{22} = k_{99} = -k_{92} = 2/pl$$

$$k_{33} = k_{10,10} = -k_{10,3} = 2/ql \quad k_{44} = k_{11,11} = -k_{11,4} = a$$

$$k_{53} = k_{12,3} = -k_{10,5} = -k_{12,10} = -1/q \quad k_{55} = k_{12,12} = v/q$$

$$k_{62} = k_{13,2} = -k_{9,6} = -k_{13,9} = 1/p \quad k_{66} = k_{13,13} = s/p \quad k_{77} = k_{14,14} = c$$

$$k_{74} = k_{14,4} = -k_{11,7} = -k_{14,1} = d \quad k_{12,5} = u/q \quad k_{13,6} = r/p \quad k_{14,7} = b \tag{4.6}$$

单元刚度矩阵 $\boldsymbol{k}^e$ 中其他元素则为零,式(4.6)中 E 为弹性模量,A 为横截面面积,l 为单元长度,J_z 为横截面对 z_{elem} 轴的惯性矩,J_y 为横截面对 y_{elem} 轴的惯性矩,G 为剪切模量,J_K 为扭转常数,μ_y 和 μ_z 为剪切系数,$J_{\bar{\omega}}$ 为扇形惯性矩。为简化公式,引入 $m = EJ_z/L^2\mu_z GA$,$r = l(1-6m)/3$,$p = (1+12m)l^2/6EJ_z$,$q = (1+12n)l^2/6EJ_y$,$s = 2l(1+3m)/3$,$u = l(1-6n)/3$,$P = 2 - 2chKl - shKl$,$K = \sqrt{GJ_K/EJ_{\bar{\omega}}}$,$v = 2l(1+3n)/3$,$a = KGJ_K shKl/P$,$b = GJ_K(shKl - Kl)/KP$,$c = GJ_K(KlchKl - shKl)/KP$,$d = GJ_K(chKl - 1)/P$。

4.2.2 杆件传力基本理论

为获得结构力流,需要知道每根杆件的载荷类型以及受力大小。图 4.4 表示由梁单元离散形成的某杆件,其中第 k 个单元始端和末端的位移和内力分别用 $\boldsymbol{Z}_{k-1}$ 和 $\boldsymbol{Z}_k$ 表示,称之为杆件截面的状态向量;用 $\boldsymbol{Z}_k^l$ 和 $\boldsymbol{Z}_k^r$ 分别表示第 k 个节点左右截面的状态向量。

图 4.4 由梁单元离散形成的杆件

根据材料力学、薄壁杆件结构力学的基本原理,建立第 $k-1$ 个梁单元前后两节点之间的关系:

$$\boldsymbol{Z}_k^i = \boldsymbol{F}_k \boldsymbol{Z}_{k-1}^i \qquad (4.7)$$

其中：

$$\boldsymbol{Z}_k^i = \{u_j, v_j, w_j, \theta_{xj}, \theta_{yj}, \theta_{zj}, \theta_j', U_j, V_j, W_j, M_{xj}, M_{yj}, M_{zj}, B_j\}_k^{\mathrm{T}}$$

为第 k 个节点左截面的状态向量。

$$\boldsymbol{Z}_{k-1}^i = \{u_i, v_i, w_i, \theta_{xi}, \theta_{yi}, \theta_{zi}, \theta_i', U_i, V_i, W_i, M_{xi}, M_{yi}, M_{zi}, B_i\}_{k-1}^{\mathrm{T}}$$

为第 $k-1$ 个节点右截面状态向量。

$\boldsymbol{F}_k$ 为传递矩阵，也是 14×14 阶矩阵，其中

$$k_{18} = l/EA \quad k_{26} = -\frac{lp-ls}{l-2r} \quad k_{29} = -\frac{lpr}{l-2r} \quad k_{3,11} = -\frac{ql}{l-2u}$$

$$k_{2,13} = k_{6,9} = -\frac{lp}{l-2r} \quad k_{12,12} = \frac{l-2v}{l-2u} \quad k_{47} = \frac{bc-bd}{b^2-ad} \quad k_{4,11} = \frac{d}{b^2-ad}$$

$$k_{66} = k_{13,13} = -\frac{l-2s}{l-2r} \quad k_{6,13} = -\frac{2p}{l-2r} \quad k_{36} = v \quad k_{39} = k_{5,10} = \frac{lu}{l-2u}$$

$$k_{14,8} = -\frac{2ac(c-d)}{b^2-ad} \quad k_{14,11} = \frac{b^2+ac-ab-ad}{b^2-ad} \quad k_{14,14} = -\frac{b(c-d)}{b^2-ad}$$

$$k_{4,14} = -\frac{b}{b^2-ad} \quad k_{77} = -\frac{b^2-ac}{b^2-ad} \quad k_{78} = \frac{b}{b^2-ad} \quad k_{7,14} = \frac{a}{b^2-ad}$$

$$k_{13,9} = -\frac{l(s-r)}{l-2r} \quad k_{34} = -k_{12,10} = -\frac{l(u-v)}{l-2u} \quad k_{13,6} = -\frac{(l-2s)(s-r)}{p(l-2r)}$$

上式中的所有符号参见式(4.6)的符号定义；传递矩阵 $\boldsymbol{F}_k$ 中其他元素则为零。这样便建立了杆件首末两端的传递关系，利用有限元计算求解，可以很方便地获得杆件上的内力分布。

4.2.3　接头传力基本理论

接头单元是方向不同的杆件和杆件之间的连接单元，图 4.5 显示了某二向杆件的接头单元构成形式，杆件 A 与杆件 B 交会形成接头截面 J。

可以看出杆件 A 和杆件 B 在全局坐标系下的方位不同，为了获得杆件 A、B 的内力分布，需使 4.2.2 节中建立的传递矩阵可以"转弯"，此外，接头截面 J 的变形受到两根杆件的交互影响，变形模式以及受力状态较为复杂。因此，本节对接头截面的变形模式进行讨论，首先忽略产生截面变形的因素，利用转换矩阵和拐点矩阵构成接头传力的基本模型；随后引入翘曲变形，提出考虑翘曲因素的接头传力模型。

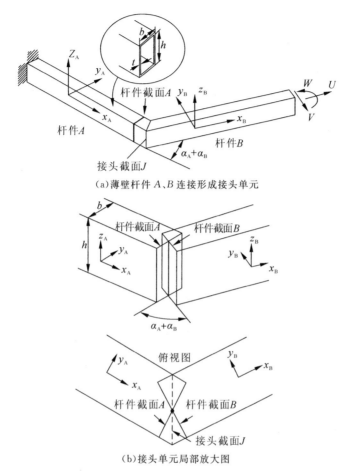

(a)薄壁杆件 A、B 连接形成接头单元

(b)接头单元局部放大图

图 4.5   接头单元(接头截面 J 定义了截面 A 和截面 B 的夹角)

(1)接头截面的变形模式

图 4.6 显示了截面 A 可能产生的各种变形模式,图 4.6(a)中的虚线表示截面的中心层,下文针对薄壁杆件的变形分析都集中在该截面上。图 4.6(b)、(c)所显示的由轴向拉压、横向剪切产生的平动位移或是纯扭转、弯矩引起的扭转变形都不会改变截面形状,这意味着杆件与杆件之间的轴向力、横向剪力以及扭矩、弯矩都是直接刚性传递,较容易获得这几个内力的传递规律;而翘曲变形则会影响接头的截面形状,其传力模式则需要单独讨论。

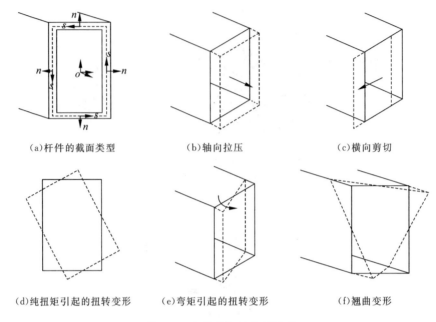

（a）杆件的截面类型　　　　（b）轴向拉压　　　　　　（c）横向剪切

（d）纯扭矩引起的扭转变形　（e）弯矩引起的扭转变形　　　（f）翘曲变形

图 4.6　杆件截面的变形模式

（2）转换矩阵和拐点矩阵

图 4.7 显示了杆件单元局部坐标系 xyz 和全局坐标系 XYZ。设局部坐标系在全局坐标系中的方向余弦分别为 $l_x,m_x,n_x;l_y,m_y,n_y;l_z,m_z,n_z$。忽略翘曲变形的影响，由转换关系可得：

$$\boldsymbol{Z}_k = \boldsymbol{T}_k \overline{\boldsymbol{Z}}_k \tag{4.8}$$

或

$$\overline{\boldsymbol{Z}}_k = \boldsymbol{T}_k^{\mathrm{T}} \boldsymbol{Z}_k \tag{4.9}$$

其中：

$$\boldsymbol{Z}_k = \{u,v,w,\theta_x,\theta_y,\theta_z,U,V,W,M_x,M_y,M_z\}_k^{\mathrm{T}}$$

为单元坐标系下的截面状态向量。

$$\overline{\boldsymbol{Z}}_k = \{\overline{u},\overline{v},\overline{w},\overline{\theta_x},\overline{\theta_y},\overline{\theta_z},\overline{U},\overline{V},\overline{W},\overline{M_x},\overline{M_y},\overline{M_z}\}_k^{\mathrm{T}}$$

为全局坐标系下的截面状态向量。

$$\boldsymbol{T}_k = \begin{bmatrix} \boldsymbol{t} & & & \\ & \boldsymbol{t} & & \\ & & \boldsymbol{t} & \\ & & & \boldsymbol{t} \end{bmatrix}_k \tag{4.10}$$

为转换矩阵，式中：

$$\boldsymbol{t} = \begin{bmatrix} l_x & m_x & n_x \\ l_y & m_y & n_y \\ l_z & m_z & n_z \end{bmatrix}_k$$

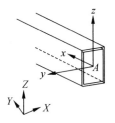

图 4.7　全局坐标系下的杆件单元局部坐标系　　**图 4.8　接头拐点示意图**

　　设杆件 A 的第 k 个单元和杆件 B 的第 $k+1$ 个单元的交点即第 k 个节点为接头拐点（图 4.8），依据之前的推导，

$$\boldsymbol{Z}_k^j = \boldsymbol{T}_k \bar{\boldsymbol{Z}}_k^j \tag{4.11}$$

$$\boldsymbol{Z}_k^i = \boldsymbol{T}_{k+1} \bar{\boldsymbol{Z}}_k^i \tag{4.12}$$

　　假设接头拐点 k 处不受外力，依连续性条件和符号规定可得：

$$\bar{\boldsymbol{Z}}_k^i = \mathbf{I}\,\bar{\boldsymbol{Z}}_k^j \tag{4.13}$$

其中 $\mathbf{I}$ 为 12×12 单位矩阵。由式(4.11)和式(4.13)，可得：

$$\bar{\boldsymbol{Z}}_k^i = \mathbf{I}\boldsymbol{T}_k^{\mathrm{T}}\boldsymbol{Z}_k^j \tag{4.14}$$

　　将其代入式(4.12)，可得：

$$\boldsymbol{Z}_k^i = \boldsymbol{T}_{k+1}\mathbf{I}\boldsymbol{T}_k^{\mathrm{T}}\boldsymbol{Z}_k^j \tag{4.15}$$

　　将上式改写成与杆件传力公式相类似的形式：

$$\boldsymbol{Z}_k^i = \boldsymbol{P}_k \boldsymbol{Z}_k^j \tag{4.16}$$

其中：

$$\boldsymbol{P}_k = \boldsymbol{T}_{k+1}\mathbf{I}\boldsymbol{T}_k^{\mathrm{T}}$$

　　称 $\boldsymbol{P}_k$ 为接头拐点矩阵。类似于杆件的传递矩阵，接头的拐点矩阵建立了接头两端的传递关系,利用有限元计算求解,可以很方便地获得接头处的内力分布。

(3)考虑翘曲因素的接头传力模型

由于翘曲变形可以改变截面形状,本节单独讨论考虑翘曲变形的接头传力模型。图4.9显示了接头单元的几何形状和翘曲传递,杆件截面中性面上任意一点P的翘曲位移与单元坐标系下的 x_{elem} 轴有关:

$$u_{\mathrm{P}} = \frac{\partial \theta}{\partial x} \int_{0}^{s=P} n \mathrm{d}s = \theta_i(x)\omega_{\mathrm{P}} \tag{4.17}$$

其中,ω_{P} 是扇形面积。矩形截面或 U 形截面关于 z 轴的转角为

$$\Phi = \frac{1}{2}h\theta'_i \tag{4.18}$$

要了解杆件截面 A 的转角 $\Phi_{\mathrm{A}} = \frac{1}{2}h_{\mathrm{A}}\theta'_{\mathrm{A}}$ 是如何传递到杆件截面 B,可以单独将接头截面 J 取出来进行分析。

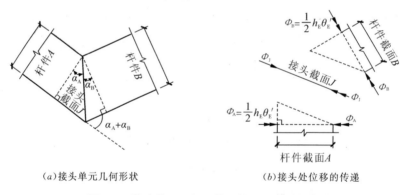

（a）接头单元几何形状　　　　　　（b）接头处位移的传递

图 4.9　接头单元几何形状和接头处位移的传递

由杆件截面的几何关系可知

$$\frac{h_{\mathrm{A}}}{\cos\alpha_{\mathrm{A}}} = \frac{h_{\mathrm{B}}}{\cos\alpha_{\mathrm{B}}} \tag{4.19}$$

进而获得接头处转角的传递关系:

$$\Phi_{\mathrm{J}} = \frac{\Phi_{\mathrm{A}}}{\cos\alpha_{\mathrm{A}}} = \frac{h_{\mathrm{A}}\theta'_{\mathrm{A}}}{2\cos\alpha_{\mathrm{A}}} \quad \Phi_{\mathrm{B}} = \frac{h_{\mathrm{A}}\theta'_{\mathrm{B}}}{2} = \Phi_{\mathrm{J}}\cos\alpha_{\mathrm{B}} = \frac{\cos\alpha_{\mathrm{B}}}{\cos\alpha_{\mathrm{A}}}\Phi_{\mathrm{A}} \tag{4.20}$$

根据式(4.4)和式(4.5),建立杆件截面 B 与杆件截面 A 之间翘曲力的传递关系:

$$B_{\mathrm{B}} = \frac{\cos\alpha_{\mathrm{B}}}{\cos\alpha_{\mathrm{A}}} B_{\mathrm{A}} \tag{4.21}$$

对于不会变截面形状的其余内力传递可以直接根据接头处力的平衡原理推导。图 4.10 显示了接头截面 J 受到轴向拉压、横向剪切或是弯矩引起的扭转进而产生的变形模式。

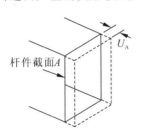
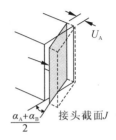

(a)接头截面 J 的轴向位移

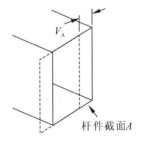
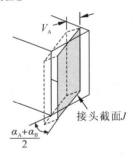

(b)接头截面 J 的横向位移

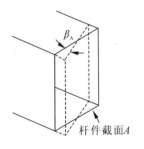
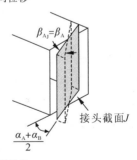

(c)接头截面 J 的弯矩转角

图 4.10　接头截面 J 的变形模式

根据上述接头处的力的平衡关系以及翘曲力的传递关系,获得杆件截面 B 与杆件截面 A 之间的内力传递关系:

$$\boldsymbol{f}_{\mathrm{B}} = [U, V, W, M_x, M_y, M_z, B]_{\mathrm{B}}^{\mathrm{T}} = \boldsymbol{J}\boldsymbol{f}_{\mathrm{A}} \tag{4.22}$$

令 $\beta = (\alpha_A + \alpha_B)/2$，则接头传递矩阵 J 可表示为：

$$J = \begin{bmatrix} \cos\beta & & -\sin\beta & & & & \\ & 1 & & & & & \\ \sin\beta & & \cos\beta & & & & \\ & & & \cos\beta & & -\sin\beta & \\ & & & & 1 & & \\ & & & \sin\beta & & \cos\beta & \\ & & & & & & \dfrac{\cos\alpha_B}{\cos\alpha_A} \end{bmatrix} \tag{4.23}$$

4.2.4　静态工况力流分析基本流程

为获得结构力流，采用梁单元建立骨架式车身结构的有限元模型，将单元局部坐标在全局坐标系中保持不变的且截面属性相同的连续梁单元称为杆件，将不同杆件之间的连接单元称为接头。对第 k 个单元始端和末端的位移和内力分别用 Z_{k-1}^i 和 Z_k^i 表示，称为杆件截面的状态向量，而用 Z_k^i 和 Z_k^j 分别表示第 k 个节点左右截面的状态向量。针对杆件，利用 4.2.2 节提出的杆件传力基本理论建立传递矩阵；针对接头，利用 4.2.3 节提出的接头传力基本理论建立转换矩阵和拐点矩阵，根据第 k 个节点和第 k 个单元的平衡条件，建立如下关系：

$$Z_k^j = F_k Z_{k-1}^i \tag{4.24}$$

$$Z_k^i = P_k Z_k^j \tag{4.25}$$

其中 F_k 为传递矩阵，用以建立同一单元始末节点之间的位移以及内力的联系；P_k 为拐点矩阵，用以描述接头对杆件传力的影响。对于链式结构的杆件单元，式 4.7 和式 4.8 是递推公式，可以利用其求解出杆件的初始截面状态向量 Z_0^i 和末端截面状态向量 Z_n^j 之间的关系：

$$Z_n^j = F_n P_{n-1} \cdots F_1 P_1 Z_0^i \tag{4.26}$$

进而求解出杆件任意一截面的状态向量，即位移和内力值，求解公式如下：

$$Z_k^i = F_k P_{k-1} \cdots F_1 P_1 Z_0^i \tag{4.27}$$

其中 $Z_k^i = \{u_j, v_j, w_j, \theta_{xj}, \theta_{yj}, \theta_{zj}, \theta_j', U_j, V_j, W_j, M_{xj}, M_{yj}, M_{zj}, B_j\}_k^T$ 为第 k 个节点左截面的状态向量，包含位移和内力信息。将内力信息提取出

来,获得杆件任意截面的内力成分

$$C_k = \{F_x, F_y, F_z, T_x, T_y, T_z\}_k^{\mathrm{T}} \qquad (4.28)$$

其中,$F_x = U$,$F_y = V$,$F_z = W$,$T_x = M_x + B$,$T_y = M_y$,$T_z = M_z$。这样,便获得了由杆件局部坐标系下的三个内力和内力矩组成的车身结构任意一截面的内力成分,建立构件的内力与车身实际所受载荷之间的联系。

　　内力成分分析可以帮助设计人员了解车身结构的整体内力分布情况和车身结构各杆件受到哪些内力以及各内力分量的大小,但仅以构件的内力成分作为结构设计和改进的指导依据是远远不够的,构件的应力才是强度设计的直接依据。为全面获得车身结构的力流,还需通过杆件内力成分计算各种内力引起应力的大小,得到每根杆件的应力成分。

　　利用材料力学和薄壁结构力学相关知识,运用式(4.29)可以计算杆件六个内力分量分别产生应力的大小。其中 σ_x、σ_y、σ_z 分别是由轴向力 U、y 向弯矩 M_y、z 向弯矩 M_z 产生的正应力,翘曲正应力 σ_ω 是由弯曲扭转双力矩 B 产生的正应力,τ_x、τ_y、τ_z 分别是由扭矩 M_x、y 向剪力 V 和 z 向剪力 W 产生的切应力。

$$\sigma_x = \frac{F_x}{A} \qquad \sigma_y = \frac{M_y}{I_y} \times z_{\max} \qquad \sigma_z = \frac{M_z}{I_z} \times y_{\max} \qquad \sigma_\omega = \frac{B}{I_W} \cdot \omega^*$$

$$\tau_x = \frac{T_x}{2 \times t \times A^*} \qquad \tau_y = \frac{F_y \times S_z}{I_z \times b} \qquad \tau_z = \frac{F_z \times S_y}{I_y \times b} \qquad (4.29)$$

其中,A 是杆件截面面积,S_y、S_z 分别表示梁截面对 y、z 轴(梁单元坐标系)的静矩,I_y、I_z 分别表示梁截面对 y、z 轴(梁单元坐标系)的惯性矩,b 表示梁截面的宽度,A^* 是梁截面中心线围成的面积,ω^* 为翘曲函数,$I_W = \int {\omega^*}^2 t \mathrm{d}s$,为翘曲阻力。

　　根据上述理论,总结出骨架式车身结构静态工况的力流分析基本流程,如图 4.11 所示,具体实施步骤如下:

　　(1)采用梁单元建立车身结构的力流分析模型,对于杆件,利用 4.2.2 节提出的杆件传力基本理论建立传递矩阵,对于接头,利用 4.2.3 节提出的接头传力基本理论建立转换矩阵和拐点矩阵;

　　(2)输入边界条件,利用有限单元法求解力流分析模型,获得杆件任意一截面的状态向量,包含位移信息和内力信息;

　　(3)根据状态向量的内力信息,计算杆件相应截面在单元局部坐标系下的内力和内力矩,则杆件任意一截面的内力成分 $C_k = \{F_x, F_y, F_z, T_x, T_y, T_z\}_k^{\mathrm{T}}$;

(4)根据内力成分,利用材料力学和薄壁结构力学相关知识,计算杆件各个方向的内力分量分别产生的应力大小,获得杆件任意一截面的应力成分;

(5)在获悉每根杆件的内力成分的基础上,获得骨架式车身结构的轴向力传递图、横向剪力传递图、扭矩传递图以及弯矩传递图,通过内力成分和应力成分,了解车身结构的主要承载构件,分析结构的高应力成因,定性分析车身结构每根杆件的力学特性。

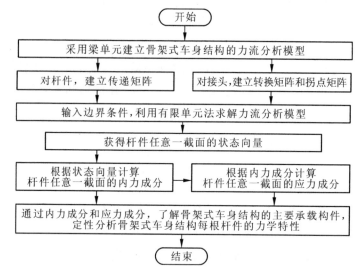

图 4.11 骨架式车身结构静态工况力流分析基本流程

4.3 静态工况力流分析模型准确性研究

4.3.1 分析模型及加载工况

图 4.12(a)显示了两根不共线薄壁杆件形成的 L 形二向杆件的分析工况,完全约束杆件 A 自由端的 6 个自由度,在杆件 B 的自由端施加 $100N \cdot mm$ 的扭矩。杆件长度选择 $300mm$,杆件截面为 $30mm \times 30mm \times 2.5mm$ 的槽钢

截面,如图 4.12(b) 所示。

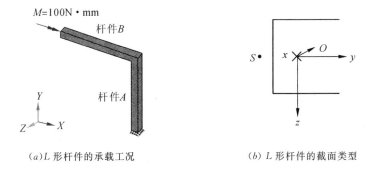

(a)L 形杆件的承载工况　　　　　　(b) L 形杆件的截面类型

图 4.12　L 形杆件的力流分析模型

4.3.2　不同分析模型的结果对比

分别采用传统的 6 自由度梁单元和考虑翘曲的 7 自由度梁单元建立 L 形杆件的力流分析模型,如图 4.13 所示。

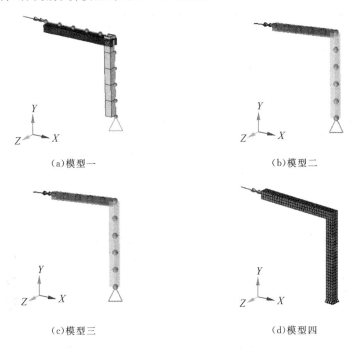

(a)模型一　　　　　　　　　　　　(b)模型二

(c)模型三　　　　　　　　　　　　(d)模型四

图 4.13　L 形杆件的力流分析模型

　　由于本书以剪心描述梁单元的横截面,即梁单元直接建立在剪心所在的 x_{elem} 轴上,对于剪心和形心不重合的截面,会出现建立的杆件单元与实际截面位置不符的情况,如图 4.13(a)所示,称之为 L 形杆件分析模型一。通过 4.2.1 节提及的偏置矢量 w_a 和偏置矢量 w_b 可以将截面移动到实际位置,形成如图 4.13(b)所示 L 形杆件分析模型二;在模型二的基础上引进 7 自由度梁单元模型,建立 L 形杆件分析模型三,如图 4.13(c)所示。从外观上看,模型三和模型二相同,所不同的是每个单元多建立了一个 SPOINT 点,用以考虑翘曲自由度。与此同时,采用壳单元建立 L 形杆件的详细模型,用以考察上述三个分析模型的准确性,称之为 L 形杆件分析模型四,如图 4.13(d)所示。分别采用 60mm 和 10mm 的单元长度建立梁单元和板壳单元的分析模型。

　　图 4.14 显示了扭转工况下,四种分析模型的变形模式(放大 5000 倍)以及转角变化分布云图,虽然梁单元模型不能像板壳单元模型一样准确地显示同一截面不同位置的变形、扭曲,但是它可以正确地描述受载端的位移以及转动模式,也可以反映不同截面的位移变形大小,因而上述三种梁单元模型都可以较为准确地反映杆件受载后的变形模式以及位移状况。

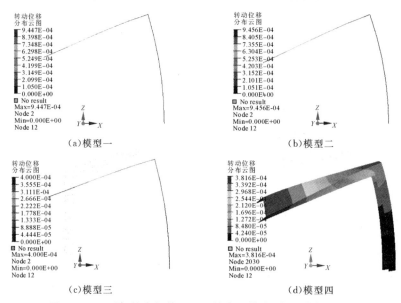

图 4.14　L 形杆件在扭转工况下的变形模式(变形放大 5000 倍)

图 4.15(a)、(b)分别显示了四种分析模型获得的杆件 A 在扭转工况下的平动位移和转角位移(以约束点处为截面观测位置的起点,单元坐标系 x 轴位置作为截面观测位置的横坐标);图 4.16(a)、(b)分别显示了四种分析模型获得的杆件 B 在扭转工况下的平动位移和转角位移;表 4.1 对比了四种模型计算获得的杆件 B 在距截面观测起点 60mm 处的转角位移。

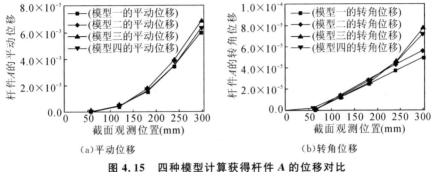

(a)平动位移　　　　　　　(b)转角位移

图 4.15　四种模型计算获得杆件 A 的位移对比

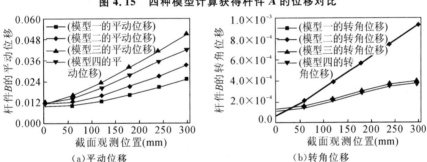

(a)平动位移　　　　　　　(b)转角位移

图 4.16　四种模型计算获得杆件 B 的位移对比

表 4.1　杆件 B 在距截面观测起点 60mm 处的转角位移(单位:rad)

	绕 x 轴转角	绕 y 轴转角	绕 z 轴转角	绕 x 轴转角的误差(%)	绕 y 轴转角的误差(%)	绕 z 轴转角的误差(%)
模型一	1.93×10^{-4}	9.02×10^{-10}	8.26×10^{-5}	24.60	-100.00	-13.65
模型二	1.93×10^{-4}	7.34×10^{-18}	7.39×10^{-5}	24.60	-100.00	-22.78
模型三	1.41×10^{-4}	-1.16×10^{-4}	8.26×10^{-5}	-8.81	14.84	-13.65
模型四	1.55×10^{-4}	-1.01×10^{-4}	9.57×10^{-5}	—	—	—

可以看出相较于实际值(模型四),模型一和模型二的平动位移都偏小,这是因为不考虑翘曲自由度的梁单元使得杆件与杆件之间处于刚性连接的

状态,所以杆件的位移会偏小;而模型三引入了翘曲变形,进而提高了梁单元的柔性,所以模型三的平动位移有所提升;不考虑翘曲自由度的梁单元绕单元坐标系 y 轴的转角与实际值差异巨大,而这直接导致杆件的实际转角位移有所偏差。

由上述分析可知,相较于模型一和模型二,模型三可以更精准地反映杆件位移和变形,误差相对较小;并且相较于平动位移,考虑翘曲自由度的梁模型可以更精确地模拟转角位移。因此,下文采用考虑翘曲自由度的梁单元来建立骨架式车身结构的分析模型。

4.4 骨架式车身结构静态工况力流分析

为方便力流分析结果与拓扑优化结果的纵向对比,本节首先参照第三章拓扑优化的边界条件设置弯扭组合工况的骨架式车身结构力流分析模型,具体的车身载荷及工况约束条件见 3.3.1 节和 3.3.2 节。此外,为了方便力流仿真分析结果与试验分析结果的横向对比,参考力流分析试验台架(详见第 6 章 6.2 节),建立试验扭转工况的力流分析模型。

4.4.1 载荷工况描述

(1)弯扭组合工况

图 4.17(a)、(b)分别显示了弯扭组合工况的力流仿真分析模型和拓扑优化模型,释放左前轮的约束,固定约束其余三个车轮悬架处的平动自由度,通过刚性单元将表 3.1 的乘客、座椅、控制器以及电池质量投影到骨架式车身结构的相应位置,考虑 1.5 倍的动载系数。

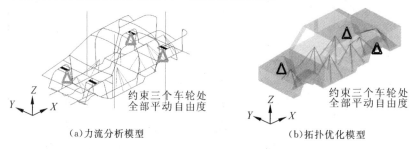

(a)力流分析模型   (b)拓扑优化模型

图 4.17 弯扭组合工况的约束条件

（2）试验扭转工况

图 4.18(a)、(b)分别显示了试验扭转工况的试验台架以及参照试验建立的有限元分析模型。由于骨架式车身完全由杆件组成，并无合适的加载板件，因此在前后塔形支撑中部焊上与其同宽的槽钢，槽钢中部穿孔加销，通过销连接球铰和槽钢，以此建立车身骨架和扭转试验台架的联系，由于试验过程中将副车架取下，所以整个试验扭转工况的力流分析也不考虑副车架。

（a）试验台架

（b）仿真模型

图 4.18　试验扭转工况的约束条件

图 4.18(a)显示试验台架采用球铰和可调节刚性螺杆建立车身后悬架塔形支撑和地面间的约束；车身前部采用 T 形试验台架中部固定，通过在左前或右前塔形支撑处施加力来模拟扭矩加载。参照试验台架，建立仿真分析模型，如图 4.18(b)所示。直接采用单点约束的方式约束后悬架槽钢处三个方向的平动自由度；利用刚性单元模拟试验台前部 T 形支撑，通过铰链单元来模拟实验仪器的球铰结构，在固定点处绕 X 方向转动，并在车身前轮轮心处施加一对互为相反的力来模拟加载扭矩，通过控制加载外力的方向来实现顺时针加载和逆时针加载。

（3）两种工况对比小结

由此可见弯扭组合工况与试验扭转工况的最大差异在于：弯扭组合工况的载荷输入为作用在车身结构上的加载质量点，而试验扭转工况的载荷输入为作用在车身结构前舱的加载扭矩。

从本质上而言，这两种加载工况分别将车辆承受的内部载荷和外部载荷区分开来，弯扭组合工况探讨了车辆内部驱动系统、驾驶员、乘客等布置对车身结构的力流分布及传递的影响；试验扭转工况探讨了车辆行驶过程中路面激励对车身结构的力流影响。

4.4.2　应力分布对比

（1）弯扭组合工况

图 4.19 显示了弯扭组合工况下骨架式车身结构 von misses 应力分布云图，其中大应力杆件主要分布在车身下部，特别是前后悬架约束支撑处，其中最大组合应力为 99.6MPa，位于左后悬架后轮罩前、后立柱的上连接纵梁上。

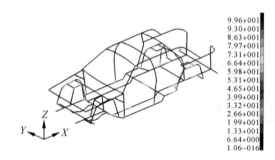

图 4.19　弯扭组合工况下的车身结构应力分布云图

（2）试验扭转工况

图 4.20(a) 显示了试验扭转工况下车身结构的 von misses 应力分布云图，其中大应力杆件主要分布在车身下部，特别是前后悬架支撑处。图 4.20(b) 则显示相应试验测量获得的高应力杆件截面分布位置，杆件表面应力超过 30MPa 的截面用圆圈标出。

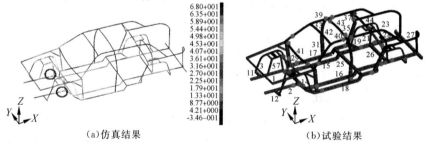

(a)仿真结果　　　　　　　　　　　(b)试验结果

图 4.20　2000N·m 加载工况下的应力分布图

分析对比仿真和试验结果，可以发现大应力杆件出现位置基本吻合，且数值也较为接近。车身结构在试验扭转工况下的大应力杆件主要集中在前后悬架支撑梁处，例如试验结果显示骨架式车身的最大拉应力为 86.42MPa，位于前纵梁后部靠近乘客舱地板横梁处（2043 号测点）；而最大压应力则位于最大拉应力的镜像对称测点(1043号测点),其数值大小为76.74MPa。与此类似,仿真结果显示前纵梁后部有最大 von misses 应力,其数值大小为68.05MPa,与试验结果相近。由于车身结构以及所施加的外载荷基本对称,骨架式车身的高应力出现区域也基本上左右对称,这也从另一个方面验证了车身结构力流分析模型的准确性。

(3)两种工况对比小结

可以看出两种工况组合应力较高的杆件基本集中在下车身,特别是前后悬架附近,此外上下车身连接接头处也存在局部大应力。

4.4.3 内力成分分析

根据杆件传力和接头传力的基本理论建立的力流分析方法求解骨架式车身结构的力流分析模型,获得杆件任意一截面的状态向量,进而获得不同工况各个杆件在单元局部坐标系下的内力分量。

(1)弯扭组合工况

图4.21显示了骨架式车身结构在弯扭组合工况下的六个内力分布图,图中力的单位为N,扭矩和弯矩的单位为N·mm。

从内力的总体分布可知,下车身及左右侧围在弯扭组合工况下承受的内力较大,尤其是下车身,作为主要的承载区域,是结构设计需要重点关注的地方。该工况下,右前、右后以及左后悬架固定约束点处是力流导出点,承担较多内力,而左前轮为悬空车轮,释放了所有的约束,根据力流传递遵循的力流线最短原则,该处内力分布较小;而质量加载点作为力流的导入点,也会给承载杆件带来较大的内力,甚至产生内力突变,例如前排乘员质量加载点位于下车身地板内侧纵梁(杆件15-A 和16-A)和地板外侧纵梁(17、18号杆件)上,因而该处承受较大的轴向内力以及 Z 向弯矩。

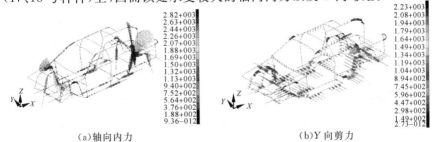

(a)轴向内力   (b)Y 向剪力

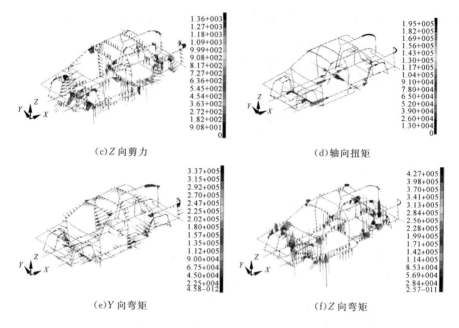

（c）Z向剪力　　　　　　　　　　　　　　　（d）轴向扭矩

（e）Y向弯矩　　　　　　　　　　　　　　　（f）Z向弯矩

图 4.21　弯扭组合工况下的内力分布图

（2）试验扭转工况

图 4.22 显示了骨架式车身结构在顺时针加载扭转工况下的六个内力分布图,图中力和力矩的单位分别为 N 和 N·mm。

从内力的总体分布可知,骨架式车身结构在试验扭转工况下的轴向内力和轴向扭矩分布较为类似,地板大纵梁（15、16 号杆件）承担了较大的轴向内力和内力矩,特别是前后悬架相连接处,而横向剪力与弯矩内力的对应关系则相对较为隐蔽:沿杆件长度方向的弯矩是以剪力为梯度变化,这意味着弯矩变化较大的杆件才有相对较高的剪力数值。

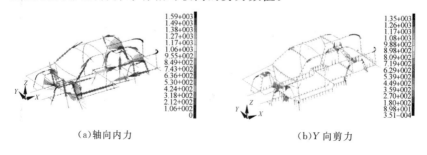

（a）轴向内力　　　　　　　　　　　　　　（b）Y向剪力

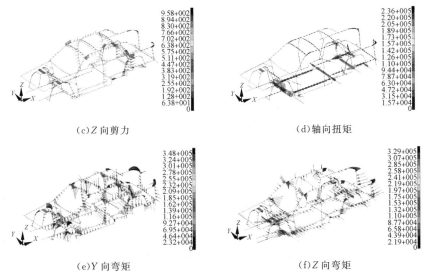

图 4.22　试验扭转工况下的内力分布图

(3)两种工况对比小结

表 4.2 分别列举了弯扭组合工况和试验扭转工况下各内力分量的最大值和内力成分较高的杆件号。结合两种工况的内力分布图,可以发现:对于轴向内力,弯扭组合工况的大内力杆件主要集中在前后舱悬架处,特别是车轮塔形支撑立柱处,即力流的流出点;而试验扭转工况的大内力杆件则分布在前后舱立柱及乘员舱处地板内外侧纵梁和顶盖纵梁。对于弯矩内力,两种工况 Y 向弯矩较大杆件都集中在 A、B、C 柱,特别是与下车身的连接处;弯扭组合工况的大 Z 向弯矩杆件主要集中在下车身的横、纵梁上,而试验扭转工况下整个车身结构的 Z 向弯矩分布较为均匀。

表 4.2　大内力成分杆件(单位:N·m)

内力分量	载荷工况	最大值	内力成分较高的杆件号
轴向内力	弯扭组合工况	2820	22、20、24、15-B、15-C、16-B、16-C、5、7
	试验扭转工况	1590	15-A、15-C、15-D、16-A、16-C、16-D、7、8、9、10、30、39-A、40-A
Y 向剪力	弯扭组合工况	2230	17、18、15-D、16-D、7、8
	试验扭转工况	1350	17、18、1、2

续表 4.2

内力分量	载荷工况	最大值	内力成分较高的杆件号
Z 向剪力	弯扭组合工况	1360	25
	试验扭转工况	958	1、2、35、36
轴向扭矩	弯扭组合工况	195	18-F、15、16、14、25
	试验扭转工况	236	15-A、15-C、15-D、16-A、16-C、16-D、14
Y 向弯矩	弯扭组合工况	337	29、31、32
	试验扭转工况	348	18-E、1、2、15-A、16-A、31、32
Z 向弯矩	弯扭组合工况	427	15-A、16-A、25
	试验扭转工况	329	14、17-B、18-B、41

对于大内力杆件,在结构设计时,应根据其具体的受力情况来指导结构设计。例如弯扭组合工况下,下车身地板内侧纵梁(杆件 15-A 和 16-A)承受的 Z 向弯矩最大,大小为 427N·m,其 Y 向弯矩仅有 69N·m,而细长杆件的抗弯能力相对较弱,因此在结构设计时应适当加大该杆件的单元 Z 方向的尺寸,其单元 Y 方向的尺寸可以设计得相对小些。这样,不但可以提高该杆件的单元 Z 向抗弯能力,而且有利于材料的合理分配,从而减轻车身质量。

此外,弯扭组合工况下地板内侧纵梁(15、16 号杆件)出现明显的轴向力流断点,反观试验扭转工况则不存在这样的情况,这主要是因为试验扭转工况是以作用在车身结构上的乘员质量、电池质量等作为载荷的输入,为平衡外部载荷,地板内侧纵梁出现轴向力流的急剧变化。综合上述分析可知,内部载荷(乘员质量、电池质量等)的输入将对轴向内力的分布产生较大影响,可能引起明显的轴向力流断点。由于附加载荷主要集中在地板,因而导致下车身横梁及纵梁承担的 Z 向弯矩急剧增大,但是内部载荷的输入对 Y 向弯矩的影响则不明显。

4.4.4　应力成分分析

根据上一节的内力成分分析获得每根杆件在相应工况下承担的各个内力分量,利用 4.2.4 节的应力成分计算公式可获得每根杆件各个方向的内力分量分别产生的应力大小。

由 4.4.2 节的应力分布对比可知骨架式车身结构在两种静态工况下的大应力构件都集中在前后悬架附近,为此,本节选取右前悬架附近的主要承载杆件来详细分析其应力成分以探究高应力的成因。表 4.3 列举了前舱下纵梁(1 号杆件)、前轮塔形支撑后立柱(7 号杆件)、前轮罩后立柱(9 号杆件)和前轮塔形支撑后横梁(13 号杆件)的截面属性。其中 1 号杆件的截面属性类型为 I,而其余三根杆件的截面属性类型为 II。表 4.4 列举了上述主要承载杆件在不同静态工况下,最大应力点的正应力成分。

表 4.3   前悬架附近主要承载杆件的截面属性

截面属性类型	截面面积 $A(mm^2)$	惯性矩 $I_y(mm^4)$	惯性矩 $I_z(mm^4)$	静矩 $S_y(mm^4)$	静矩 $S_z(mm^4)$	截面中心线围成面积 A^*
I	475	34947.9	34947.9	7164.6	7164.6	2256.3
II	275	34947.9	34947.9	2329.9	2329.9	756.3

表 4.4   主要承载杆件的正应力成分(单位:MPa)

杆件编号	载荷工况	等效应力	轴向内力 产生应力	轴向内力 所占比重(%)	单元坐标 Y 向弯矩 产生应力	单元坐标 Y 向弯矩 所占比重(%)	单元坐标 Z 向弯矩 产生应力	单元坐标 Z 向弯矩 所占比重(%)
1 号	弯扭组合	68.16	0.58	0.85	12.59	18.46	55.00	80.69
	试验扭转	61.05	0.65	1.07	2.60	4.26	57.80	94.67
7 号	弯扭组合	54.37	4.11	7.56	17.66	32.47	32.61	59.97
	试验扭转	30.78	2.15	6.98	26.21	85.16	2.42	7.86
9 号	弯扭组合	55.20	3.35	6.08	4.01	7.27	47.83	86.66
	试验扭转	46.92	1.30	2.77	31.24	66.57	14.38	30.66
13 号	弯扭组合	33.34	0.74	2.22	1.82	5.46	30.78	92.32
	试验扭转	58.72	0.50	0.85	53.46	91.04	4.76	8.11

可以看出无论在哪种分析工况下,弯矩内力引起的应力成分远大于轴向力引起的轴向应力,其中前舱纵梁在 XOZ 平面内的弯矩应力成分对拉压正应力的贡献量高达 94.67%,而这两种工况下没有一根杆件的轴向应力贡献量高于 10%。虽然,两种工况下前纵梁所承担的 Z 向弯矩都是远大于 Y 向弯矩,但其余三根杆件在不同工况下的主导弯矩方向是不同的。例如前

轮塔形支撑后横梁在弯扭组合工况下的 Z 向弯矩应力成分远大于 Y 向弯矩应力,但在试验扭转工况下却完全相反,这说明该横梁在弯扭组合工况下主要传递 YOZ 平面内的弯矩,在试验扭转工况下主要传递 XOY 平面内的弯矩。

表 4.5 列举了相应杆件最大应力点的切应力成分,纵向对比各工况下骨架式车身结构主要承载杆件的各向应力分量,可以发现同一杆件各切应力成分远小于弯矩产生的正应力成分,而大部分杆件的切应力成分是要大于轴向内力产生的正应力成分。由此可见杆件的非轴向载荷(剪力、扭矩、弯矩)是高应力的成因,而其中弯矩应力成分对拉压正应力的贡献量最大。因此对于车身结构,降低应力水平的重点在于减小弯矩引起的应力。

表 4.5　主要承载杆件的切应力成分(单位:MPa)

杆件名称	载荷工况	Y 向剪力	Z 向剪力	X 向扭矩
		产生切应力	产生切应力	产生切应力
前舱纵梁	弯扭组合	6.39	4.41	4.08
	试验扭转	3.58	0.43	4.38
前轮塔形支撑后立柱	弯扭组合	2.56	1.41	1.95
	试验扭转	0.2	0.57	1.66
前轮罩后立柱	弯扭组合	1.82	0.59	0.75
	试验扭转	0.02	0.53	1.42
前轮塔形支撑后横梁	弯扭组合	0.57	0.08	1.43
	试验扭转	0.05	1.22	4.46

4.4.5　力流特性分析

通过内力成分分析和应力成分分析相结合的手段可以帮助设计人员快速找到车身结构的主要承载杆件,弄清楚每根杆件承受的主要内力。在此基础上,工程师们期望更进一步弄清楚车身所承受的各种载荷(流入车身的力)主要通过哪些构件,以什么形式传到悬架(流出车身),建立构件的内力与车身外部载荷之间的联系,这一分析步骤称为力流特性分析。

(1)力流特性分析的基本方法

骨架式车身结构中力的传递是通过杆件与杆件之间的相互接触(接头)

来进行的,要想弄清楚力在整个骨架式车身里的流动状态,就必须格外关注接头力流。由 4.4.3 节的内力成分分析可知,接头处存在明显的内力矩突变。对比单元局部坐标系下各方向力矩数值,可以发现接头处的力与力矩处于平衡状态,这意味着力矩在接头位置的突变是向分支以弯矩或扭矩的方式传递和分流出去,分流的弯矩和扭矩的值正好与力流导入的杆件的弯矩相平衡,因此接头处的力流变化可以作为判断骨架式车身内力流走向的有力工具。

由 4.4.4 节的应力成分分析可知弯矩是导致应力集中点的主要原因,因此本节采用弯矩的变化作为力流传递特性的主要评价依据。此外,由结构力学知识可知细长杆件的受力特点为抵抗轴向力的能力远远高于抵抗非轴向力载荷的能力,因而可以选用轴向内力的连续性作为力流传递特性的补充评价指标。

(2)弯扭组合工况的力流特性分析

图 4.23(a)、(b)分别显示了骨架式车身结构在弯扭组合工况下的弯矩力流和轴向力流传递图,可以看出车身骨架在弯扭组合工况下的主要传力路径基本集中在下车身。

图 4.23(a)显示下车身乘员舱中部作为主要承载区域,其载荷传遍整个车身网络之后,主要通过三条途径传至前后悬架约束点。一是通过下车身地板内外侧纵梁将力流向后舱传递,通过后轮地板上横梁(28 号杆件)将左右纵梁的力流汇合传递到左后悬架约束点;二是通过下车身地板内外侧纵梁将力流向前舱传递,通过前地板下横梁(14 号杆件)将此力流汇合传递到右前悬架约束点;三是通过左侧围 B 柱传至顶盖,再通过顶盖横梁(43 号杆件)将载荷传递给右侧围 B 柱,随后通过地板外侧纵梁(17 号杆件)向前传递至右前悬架约束点。

结合图 4.23(b)的轴向力流图,还可以发现下车身各纵梁及立柱的轴向力远高于上车身各横纵梁,这说明下车身在弯扭组合工况下承担和传递了主要载荷,这主要是因为结构传力遵循力流线最短的原理,因而直接通过下车身内、外纵梁形成最直接的传力路径。此外,上、下车身的前舱前部和行李舱后部并未形成完整的连接结构,这导致弯矩力流尽管通过 B 柱向上传递给上车身顶盖横梁,但并没有更优的传递路径引导力流向前、后悬架的约束点传递,因而形成了上车身的轴向力流断点。

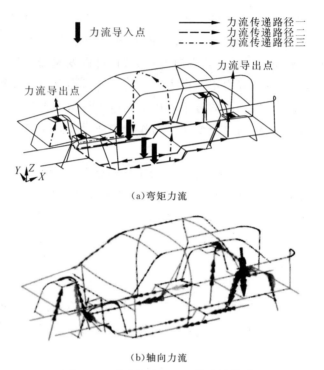

(a)弯矩力流

(b)轴向力流

图 4.23　弯扭组合工况下的力流传递

（3）试验扭转工况的力流特性分析

图 4.24(a)、(b)分别显示了骨架式车身结构在试验扭转工况下的弯矩力流和轴向力流传递图。

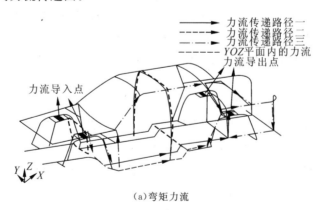

(a)弯矩力流

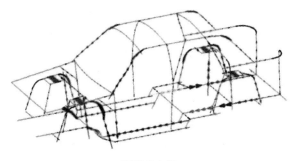

(b)轴向力流

图 4.24 试验扭转工况下的力流传递

图 4.24(a)只画出右侧车身骨架的载荷主要传递途径,该工况下力传递路径主要分为三条:一条是自前悬架支撑传递至地板横梁(14 号杆件)处随即分流,通过地板内侧纵梁(15、16 号杆件)传递至后地板最终到达力流导出点即后塔形支撑处;另一条是由地板横梁处分流至地板外侧纵梁(17、18 号杆件),随后与第一条力流汇合,将力传递至力流导出点;最后一条路径是由 A 柱传递至车顶纵梁又通过 B 柱、C 柱与第一条力流汇合,另一部分力流由车架尾部返回力流导出点。图 4.24(b)表示了轴向内力的流动方向和主要承担杆件,从中可以看出地板外侧纵梁的轴向力远不如地板内侧纵梁和 A 柱的轴向内力,这说明 17、18 号杆件并没能很好地利用细长杆件承载轴向力性能优越的特性,该条力流传递路径有待改进。此外,YOZ 平面内的地板和车顶部等横梁连接左右车身,理论上而言可以通过扭矩、轴向力等传力方式起到抵抗外载扭矩的作用,但该骨架式车身的 B 柱以及与其连接的顶盖横梁(43 号杆件)的轴向力也非常小,根据力流传递特性分析,此处结构也应该有所改进。本章只提出骨架式车身结构力流仿真的分析方法,根据力流分析结果评价车身结构设计好坏,提出结构改型意见,具体改进方案待试验论证分析后提出,此处不赘述。

4.5 本章小结

针对骨架式车身结构特点,提出一种用于骨架式车身结构的高精度梁单元结合接头单元力流分析模型建立方法。根据有限单元法的基本原理,推导杆件传力和接头传力的基本规律。通过结构分析,获得杆件各个截面包含位移信息和内力信息的截面状态向量。由状态向量获取杆件的内力成分和应力成分,了解车身结构承载构件的力学特性,分析结构的高应力成因,对骨架式车身结构的局部改进提出修改意见。本章的研究结果如下:

(1)针对第3章建立的骨架式车身承载结构,明确车身骨架是由多个多向杆件相连接形成的复杂承载结构,杆件和接头为车身结构的基本组成元素。

(2)分别以传统的6自由度梁单元模型和考虑翘曲自由度的7自由度梁单元模型建立L形二向杆件,以壳单元模型作为对标模型,分析结果显示考虑翘曲的7自由度梁单元模型能更精准地反映杆件的位移和变形。

(3)对骨架式车身结构进行弯扭组合工况和试验扭转工况下的力流分析,探讨了车内总成布置和行驶路面激励对车身结构力流分布及传递的影响。研究结果显示:内部载荷(乘员质量、电池质量等)的输入将对轴向内力的分布产生较大影响,可能引起明显的轴向力流断点;由于附加载荷主要集中在地板,因而导致下车身横梁及纵梁承担的 Z 向弯矩急剧增大;但是内部载荷的输入对 Y 向弯矩的影响则不明显。轴向内力产生的应力较小,各切应力分量也相对较小,弯矩应力成分对拉压正应力的贡献量最大;对于车身结构,降低应力水平的重点在于减小弯矩引起的应力。

(4)为帮助设计者建立构件的内力与车身外部载荷的直观联系,提出力流特性分析方法,以弯矩的变化作为力流传递特性的主要评价指标,轴向内力的连续性作为力流传递特性的补充评价指标。不同载荷工况下,力流有着不同的传递路径。弄清楚结构传力路径及结构内的载荷分配信息,全面理解结构的传力路径和流量分配,可为车身结构改型设计提供理论指导依据。

5　骨架式车身结构碰撞工况力流仿真分析方法

之前的工作获得了骨架式车身结构静态工况的力流分布、力流传递以及力流特性，但对于车身结构设计，仅考虑静态工况是远远不够的，因此，将车身结构力流分析方法推广到碰撞工况是十分重要的。为获得碰撞工况下车身结构的传力路径和流量分配，首先需要建立考虑几何非线性和材料非线性的梁单元有限元模型，进而得到每一时刻车身结构每根杆件与外载荷之间的联系，获得每一时刻力在车身结构内的传递和转换关系，探讨碰撞工况下骨架式车身结构的力流分布、力流传递以及力流特性。

5.1　碰撞工况力流分析基本原理

5.1.1　考虑几何非线性的力流分析模型建立方法

为描述大变形，必须将变形位移从刚体位移中分离出来，只有变形位移会引起应变，进而产生应变能。本书采用 CR 列式法（co-rotational formulation）来分离变形位移和刚体位移，该方法需要对每个单元和节点分别定义参考坐标系，以精确扣除刚体位移[146,147]。采用增量格式求解，借用"时刻"的概念来描述整个动态分析过程，$t = 0$ 指初始构形时刻，t 和 $t+1$ 指两个相邻的时刻，以左上标的形式加以区分不同时刻的结构空间形态。

同上一章一样，以 XYZ 表示全局坐标系，用以描述结构在不同时刻的空间构形和受力状态，结构的整体平衡方程和节点位移均建立在整体坐标系中。结构的初始空间构形如图 5.1(a) 所示，以 $x_{elem} y_{elem} z_{elem}$ 表示单元随转坐标系，x_{elem} 轴始终沿单元节点 ij 方向，y_{elem} 轴和 z_{elem} 轴始终垂直于 x_{elem} 轴，单元随转坐标系的单位向量以 (e_1, e_2, e_3) 表示，其中 e_1 必须保持沿节点 ij 方向的指向，因而需要随着单元的变形而改变。在每个单元的节点端建立节点端截面坐标系，其原点位于截面形心处，以 $x_i y_i z_i (i = 1,2)$ 来表示，节点端截面坐标系的单位向量以（b_1，b_2，b_3）表示。

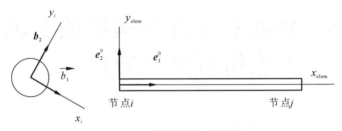

(a) $t=0$ 时刻结构的空间构形

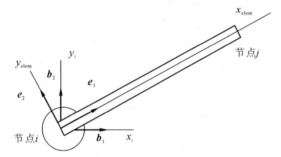

（b）第 t 时刻结构的刚性转动

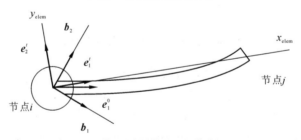

（c）第 t 时刻结构的空间构形

图 5.1　CR 列式的单元坐标系和截面坐标系示意图

　　根据节点端截面坐标系和单元随转坐标系的单位向量定义全局坐标系和相应坐标系之间的旋转变换：

$$\boldsymbol{A}=\left\{\begin{array}{c}A_x\\A_y\\A_z\end{array}\right\}=\begin{bmatrix}b_{1x}&b_{2x}&b_{3x}\\b_{1y}&b_{2y}&b_{3y}\\b_{1z}&b_{2z}&b_{3z}\end{bmatrix}\left\{\begin{array}{c}A_{xi}\\A_{yi}\\A_{zi}\end{array}\right\}=[\lambda]\{A_i\} \tag{5.1}$$

$$\boldsymbol{A}=\left\{\begin{array}{c}A_x\\A_y\\A_z\end{array}\right\}=\begin{bmatrix}e_{1x}&e_{2x}&e_{3x}\\e_{1y}&e_{2y}&e_{3y}\\e_{1z}&e_{2z}&e_{3z}\end{bmatrix}\left\{\begin{array}{c}A_{x\mathrm{elem}}\\A_{y\mathrm{elem}}\\A_{z\mathrm{elem}}\end{array}\right\}=[\mu]\{A_{\mathrm{elem}}\} \tag{5.2}$$

其中 b_{ix}, b_{iy}, b_{iz} 为节点端截面坐标系的单位向量在全局坐标系下的分量；e_{ix}, e_{iy}, e_{iz} 为单元随转坐标系的单位向量在全局坐标系下的分量；$[\lambda]$ 和 $[\mu]$ 为相应的转换矩阵。

假设在第 t 时刻结构仅发生绕节点 i 的刚性转动,此时单元随转坐标系的单位向量 e_1^t 的方向将和初始空间构形中的保持一致。此时结构的空间形态如图 5.1(b)所示。接着,考虑节点 i 受到一个抵抗扭转的作用,此时节点 j 将会发生移动,导致梁单元发生变形,此时的结构空间形态如图 5.1(c)所示。由于 e_1 始终沿节点 ij 方向,因而当前单位向量 (e_1^t, e_2^t, e_3^t) 和初始单位向量 (e_1^0, e_2^0, e_3^0) 并不重合。实际上,两者之间的夹角可以表示为转角变形的叉乘 $e_1^t \times e_1^0$。

这样,利用 CR 列式法的单元随转坐标系和节点端截面坐标系,可以将梁单元的刚体位移从变形中扣除,得到了真实的结构变形:

$$\{d\} = [\delta_{ij}, \theta_{xij}, \theta_{yi}, \theta_{yj}, \theta_{zi}, \theta_{zj}]^{\mathrm{T}} \tag{5.3}$$

其中 δ_{ij} 为单元长度的改变,θ_{xij} 为扭矩产生的形变,$\theta_{yi}, \theta_{yj}, \theta_{zi}, \theta_{zj}$ 为弯矩产生的形变,i 和 j 分别为单元两端的节点。

通过节点初始坐标 (X_i, Y_i, Z_i) 和节点的位移 (u_{xi}, u_{yi}, u_{zi}) 可以获得单元长度的改变量:

$$\delta_{ij} = \frac{1}{l + l^0} [2(X_{ji}u_{xji} + Y_{ji}u_{yji} + Z_{ji}u_{zji}) + u_{xji}^2 + u_{yji}^2 + u_{zji}^2] \tag{5.4}$$

其中 $X_{ji} = X_j - X_i$, $u_{xji} = u_{xj} - u_{xi}$, 以此类推。

通过节点端截面坐标系的初始单位向量与当前单位向量的叉乘获得扭转变形量:

$$\theta_{xij} = e_{y2i}^0 e_{z2j}^0 - e_{y2j}^0 e_{z2i}^0 \tag{5.5}$$

5.1.2　考虑材料非线性的力流分析模型建立方法

为更好地描述杆件在冲击载荷下的力学性能,本章将刚度特性引入梁单元模型。刚度特性是指构件抵抗变形的能力,碰撞过程中结构的变形十分复杂,但是大部分结构件在碰撞中主要可以划分为两种变形方式:轴向溃缩变形和弯曲变形。合理地将部件的变形分解为轴向溃缩变形和弯曲变形,然后进行参数化建模是建立碰撞工况力流分析模型的有效方法。

本章采用 LS-DYNA 中的 139 号材料(MAT_MODIFIED_FORCE_LIMITED)建立考虑碰撞刚度特性的梁单元模型[148]。该模型可以同时定义

沿梁单元 x_{elem} 轴的轴向压溃刚度曲线,两端节点 $i\,j$ 处绕 y_{elem}、z_{elem} 轴的弯曲刚度曲线和绕 x_{elem} 轴的扭转刚度曲线,这样便可以利用刚度曲线来模拟梁单元节点处塑性铰的形成。此外,碰撞工况力流分析模型还需要正确模拟各构件的质量、梁截面的面积、惯性矩、扭转惯性矩等一些惯量特性,这样才能保证模型建立的准确性、碰撞分析的有效性。相比较而言,杆件的惯量特性比较方便提取,而刚度特性的提取是建模技术的关键,本节着重简述刚度特性的提取方法。

(1)压溃特性的提取

薄壁杆件在压溃过程中,依次形成基本压溃单元如图 5.2 所示,其压溃变形的局部屈曲波长 $2H$ 为常数,称 H 为塑性铰半波长,可由如下经验公式[149]得到:

$$H = 0.983 \times \sqrt[3]{tC^2} \tag{5.6}$$

其中 t 为薄壁杆件的壁厚,$C = 1/2(h+w)$,为 4 个基本压溃单元的长度,h、w 分别为杆件截面的高与宽。

以单个塑性铰长度 $2H$ 建立轴向压溃特性的提取模型(壳单元模型),通过仿真计算获得单个塑性铰的轴向压溃特性曲线(压溃力-位移曲线),滤波简化处理后得到薄壁杆件压溃刚度曲线,将其赋予梁单元即可[150]。

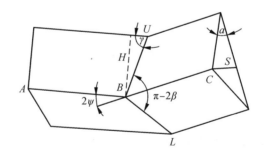

图 5.2　薄壁杆件轴向压溃基本单元

(2)弯曲特性的提取

由于载荷或几何的原因,例如:载荷有垂直梁轴线方向的分量或梁的中心线不是直线,在冲击载荷作用下,薄壁杆件的某些部分会受到弯矩的作用。碰撞开始,随着碰撞力的迅速增加,杆件薄弱处在弯矩的作用下将产生屈服;当载荷继续增加时,局部屈曲部位两侧的薄壁杆件将产生很大转角,形成塑性铰。本书采用由 Kecman 提出的弯曲变形理论[151]来描述这一重要的结构变形。

假设,塑性铰两端的薄壁杆件只绕塑性铰转动,当薄壁杆件产生弯曲变形时,其基本弯曲变形单元如图 5.3 所示,其塑性铰吸收的能量为:

$$W(\theta) = \sum_i^{\infty} W_i(\theta) \qquad (5.7)$$

其中,$W_i(\theta)$ 为第 i 条铰线吸收的能量。在任意角度 θ($0 \leqslant \theta \leqslant \theta_J$)时,绕塑性铰的弯矩为:

$$M(\theta) = \frac{W(\theta + \Delta\theta) - W(\theta)}{\Delta\theta} \qquad (5.8)$$

截面为矩形的薄壁梁的最大弯矩为:

$$M_p = \sigma_p \cdot t \left[h(b - t) + 0.5 (b - t)^2 \right] \qquad (5.9)$$

终止角度为 θ_J:

$$\theta_J = 2\arcsin(\frac{a - 0.5t}{b}) \qquad (5.10)$$

其中,$h = \min\{h/2, b/2\}$,σ_p 是材料的屈服应力。弯矩 $M(\theta)$ 体现了薄壁梁抵抗弯曲变形能力的大小,故薄壁梁的弯曲特性可以由弯矩与转角关系[即 $M(\theta)$-θ 曲线]来表示。

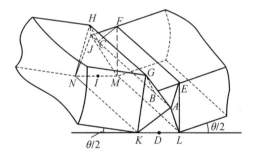

图 5.3　薄壁杆件弯曲变形基本单元

5.1.3　碰撞工况力流分析的基本流程

基于薄壁杆件轴向压溃和弯曲变形的基本理论,利用 CR 列式法建立用于碰撞工况力流分析的梁单元有限元模型。利用第 3 章提出的杆件传力和接头传力的基本理论建立杆件任意截面状态向量之间的联系,获得杆件任意截面的内力成分 $\{C\}_k = \{F_x, F_y, F_z, T_x, T_y, T_z\}_k^T$,其中每种内力分量的计算公式如下:

$$\begin{Bmatrix} F_{xi} \\ F_{xj} \end{Bmatrix} = \begin{bmatrix} -K^a \delta \\ K^a \delta \end{bmatrix} \quad\quad (5.11)$$

$$\begin{Bmatrix} T_{yi} \\ T_{yj} \end{Bmatrix} = \frac{K_y^b}{1+\varphi_y} \begin{bmatrix} 4+\varphi_y & 2-\varphi_y \\ 2-\varphi_y & 4+\varphi_y \end{bmatrix} \begin{Bmatrix} \theta_{yi} \\ \theta_{yj} \end{Bmatrix} \quad\quad (5.12)$$

$$\begin{Bmatrix} T_{zi} \\ T_{zj} \end{Bmatrix} = \frac{K_z^b}{1+\varphi_z} \begin{bmatrix} 4+\varphi_z & 2-\varphi_z \\ 2-\varphi_z & 4+\varphi_z \end{bmatrix} \begin{Bmatrix} \theta_{zi} \\ \theta_{zj} \end{Bmatrix} \quad\quad (5.13)$$

$$\begin{Bmatrix} T_{xi} \\ T_{xj} \end{Bmatrix} = \begin{bmatrix} -K^t \theta_{xij} \\ K^t \theta_{xij} \end{bmatrix} \quad\quad (5.14)$$

$$\begin{Bmatrix} F_{yi} \\ F_{yj} \end{Bmatrix} = \begin{bmatrix} \dfrac{M_{zi}+M_{zj}}{l^0} \\ -\dfrac{M_{zi}+M_{zj}}{l^0} \end{bmatrix} \quad\quad (5.15)$$

$$\begin{Bmatrix} F_{zi} \\ F_{zj} \end{Bmatrix} = \begin{bmatrix} \dfrac{M_{yi}+M_{yj}}{l^0} \\ -\dfrac{M_{yi}+M_{yj}}{l^0} \end{bmatrix} \quad\quad (5.16)$$

式 5.12 表示 x_{elem}-z_{elem} 平面内的弯矩,式 5.13 表示 x_{elem}-y_{elem} 平面内的弯矩。其中 $K^a = AE/l^0$ 为轴向刚度,$K_y^b = EI_{yy}/l^0$ 和 $K_z^b = EI_{zz}/l^0$ 为弯矩刚度,$K^t = GJ/l^0$,为扭矩刚度;A 为杆件的横截面面积,E 为杨氏模量,l^0 为梁单元的初始长度;$\varphi_y = 12EI_{yy}/GA_s l^2$,$\varphi_z = 12EI_{zz}/GA_s l^2$,$G$ 为剪切弹性模量,A_s 为有效剪切面积。

与静态工况不同,碰撞工况下车身结构的结构形态和空间位置始终随时间的推移而改变,虽然外载荷带来的撞击是发生在一瞬间,但随后每一时刻车身结构内部构件都会在新的空间位置和结构形态作用下形成新的内力平衡关系。因此,必须结合碰撞时刻来讨论车身结构碰撞工况下的力流。此外,由于高速碰撞将会引起结构的非稳定、大变形,当结构发生严重的塑性变形时,整个结构已经处于混沌甚至支离破碎的状态了,此时再谈论力流已经不合适了,可能用湍流来描述此时的结构状态更为合适。因此,本章将研究限定在碰撞初始时刻(5ms 左右),已有研究显示[128],这段时间内虽然车身结构的前舱因碰撞吸能已经发生了一定的结构变形,但是车身结构的大部分结构依然处于弹性变形阶段,此时讨论车身结构的力流方有意义。

因此碰撞力流分析的重点是建立每一时刻骨架式车身结构每根杆件与外载荷之间的联系,获得每一时刻力在车身结构内的传递和转换关系,观测不同时刻同一内力成分在车身结构内的传递关系。纵向对比不同碰撞时刻车身骨架各个内力分量分布状态,获得骨架式车身结构碰撞工况下的完整传力路径和流量分配。

5.2　碰撞工况力流分析模型准确性研究

　　S形薄壁梁是车架上的一种常用结构。在汽车前(后)碰过程中,车架前(后)纵梁是主要吸能部件。考虑避免干扰安装布置动力总成、转向机构、油箱等部件,车架的前纵梁和后纵梁一般设计成弯曲的S形薄壁梁。本节以S形纵梁的压溃分析为例探讨利用梁单元进行碰撞分析的可行性。

5.2.1　载荷工况的描述

　　图5.4为本节分析的S形纵梁的几何尺寸,S形纵梁的总长为 $L=1000\text{mm}$,两轴线之间的距离 $D=150\text{mm}$,弯曲处的曲率半径 $R=450\text{mm}$,截面宽度为40mm,板厚为2mm。参考文献[155]的实验设置对S形纵梁进行准静态压溃仿真,固定约束S形纵梁末端的六个自由度;同时,用一个具有一定质量和加载速度的可移动刚板撞击S形纵梁的前端。由于陡然向吸能结构施加冲击载荷可能产生应力波,这将会导致计算噪声和结果不准确,因此加载曲线需要尽可能平稳。依据相关学者的研究结果,本书的仿真模型严格按照图5.5显示的加载速度曲线控制可移动刚板的加载,在0至50ms内可移动刚板的速度缓慢上升至2mm/ms,随后保持恒定直至压溃距离到达300mm。

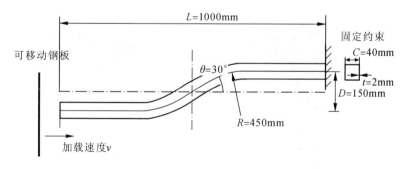

图5.4　S形纵梁的加载工况

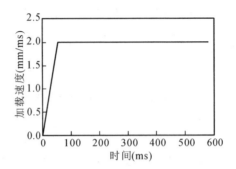

图 5.5　可移动钢板的加载速度曲线

5.2.2　轴向压溃特性研究

　　S 形纵梁的前段和后段的几何外形为直线杆件,中间部分为带弧度的杆件。直线杆件受到轴向冲击时,薄壁杆件的主要变形方式只有轴向压溃变形,因此本节将 S 形纵梁的前段单独取出,按照 5.2.1 节的加载条件对其进行压溃分析,研究梁单元进行碰撞分析的可行性。

　　图 5.6 显示了 S 形纵梁前段轴向压溃的壳单元有限元模型。利用公式 5.6,依据 S 形纵梁的截面几何尺寸,计算获得单个塑性铰长度 $2H = 29\text{mm}$,以 30mm 作为压溃特性提取模型的长度,计算获得表征压溃刚度特性的压溃抗力-位移曲线,如图 5.8 所示。将轴向压溃刚度特性赋予梁单元,按照壳单元模型设定好其他参数,建立好 S 形纵梁前段的梁单元有限元模型,如图 5.7 所示。

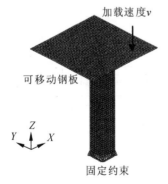

图 5.6　S 形纵梁前段轴向压溃
的壳单元模型

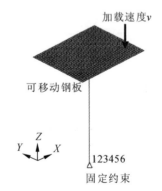

图 5.7　S 形纵梁前段轴向压溃
的梁单元模型

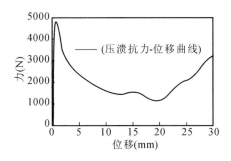

图 5.8 轴向压溃刚度特性曲线

将 S 形纵梁前段的壳单元模型和梁单元模型分别进行碰撞仿真分析，获得的碰撞力随时间的变化曲线和吸能量随时间的变化曲线，分别如图 5.9 和 5.10 所示。

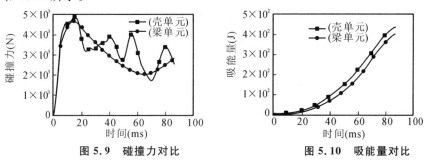

图 5.9　碰撞力对比　　　　　　　图 5.10　吸能量对比

其中梁单元仿真模型与壳单元仿真模型的碰撞峰值力分别为 4699.63N 和 4892.69N，误差 3.94%。梁单元仿真模型与壳单元仿真模型具有相同的吸能量变化趋势，最大吸能量误差为 8.08%。研究结果证明该方法建立的梁单元模型可以很好地反映 S 形纵梁前段的轴向压溃特性。

5.2.3　弯曲变形特性研究

S 形纵梁具有前端和后端的轴线不相交的几何结构特点，因而在轴向冲击工况下不光承受轴向压溃力，还要承受前后杆件不共线带来的一个额外的弯矩。因此，以 S 形纵梁轴向冲击工况为例，继续探讨梁单元进行碰撞分析的可行性。

按照 5.2.1 节的几何尺寸和载荷工况分别建立 S 形纵梁轴向压溃的壳单元有限元模型和梁单元有限元模型，利用公式 5.9，依据 S 形纵梁的截面几何尺寸和材料特性,计算获得不同转角下塑性铰的弯曲特性曲线,弯曲特性表现的是力矩随力矩方向上转角变化的关系,如图 5.11 所示。

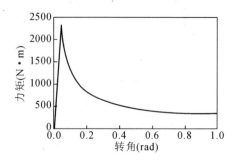

图 5.11　S 形纵梁的弯曲特性曲线

图 5.12 显示了从 S 形纵梁壳单元有限元模型与 S 形纵梁梁单元有限元模型中提取出的其吸能量随时间的变化曲线,可以看出两个模型的吸能量曲线的变化趋势基本相同,最大吸能量也基本一致。

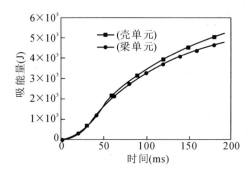

图 5.12　S 形纵梁压溃仿真吸能能力对比

表 5.1 显示了 S 形纵梁梁单元有限元模型与 S 形纵梁壳单元有限元模型在不同压溃距离下的变形图,并与试验结果[152]进行了对比。可以看出当顶端移动刚板的位移为 300mm 时,S 形纵梁的中间段被压得基本与地面平行,同时在中部两个弯曲部位和底部固定端产生了三个明显的塑性褶皱,这两个仿真结果与试验结果具有高度的相似性。这说明该方法建立的梁单元有限元模型能够反映 S 形纵梁的弯曲特性,可以采用梁单元建立车身结构碰撞力流分析模型。

表 5.1 S 形纵梁的变形模式对比

可移动钢板压溃距离为100mm			可移动钢板压溃距离为200mm			可移动钢板压溃距离为300mm		
梁单元模型	壳单元模型	S型纵梁试验	梁单元模型	壳单元模型	S型纵梁试验	梁单元模型	壳单元模型	S型纵梁试验

5.3 骨架式车身结构正碰工况力流分析

汽车碰撞通常分为正面碰撞、侧面碰撞、后面碰撞、还有翻滚和撞行人等情况,其中正面碰撞是事故发生率和伤亡率较高的一种碰撞工况。本节针对 C-NCAP 的正面 100% 重叠刚性壁障碰撞工况,对骨架式车身结构进行正碰工况的力流研究。

5.3.1 力流分析模型建立

在汽车正面碰撞中,车身前部是主要的变形吸能区域,其中整体坐标系下 X 方向的纵梁主要承受轴向载荷,而其余方向的立柱或是横梁则主要倾向于弯曲变形,因此就吸能模式而言,前部结构变形是一种轴向压溃和弯曲的混合模式[13]。

基于第 4 章的骨架式车身结构,建立考虑动态非线性特性的梁单元模型,采用 4.1.2 节提及的薄壁杆件轴向压溃和弯曲变形的基本理论,将刚度特性赋予相应杆件。为确保建模的准确性,对前纵梁、前舱盖纵梁等正碰主要吸能部件,采用分段建模的方式,保证杆件准确模拟结构的轴向压溃和弯曲变形。参照 2.2.1 节的车身载荷分布表,将质量单元投影到合理的空间位置模拟车身载荷,通过刚性单元将所有载荷与车身结构一一相连,建立用于碰撞分析的车身骨架梁单元模型。

图 5.13 显示了骨架式车身结构正碰工况力流仿真分析模型。依据《乘用车正面碰撞的乘员保护》(GB 11551—2003)[135],实车碰撞时汽车与刚性

墙接触瞬间的速度为 50km/h,设置碰撞前车身的初始速度为 50km/h。用刚性模块(rigid wall)模拟刚性壁障,定义车身与刚性壁障之间的接触,且定义刚性壁障具有无限大的质量。此外,定义整车自接触,车身和刚性壁障之间的面面接触。

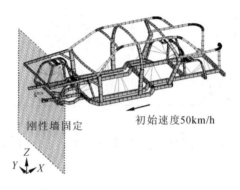

刚性墙固定　　　　　初始速度50km/h

Z
Y　　X

图 5.13　正碰工况力流分析模型

5.3.2　碰撞仿真结果分析

本书将从碰撞过程中的变形时序、能量的变化以及刚性墙反力这三个部分来分析整个力流分析模型的碰撞仿真结果,并与壳单元模型建立的详细分析模型进行对比,验证力流分析模型的准确性。

(1)变形时序

正碰工况下,骨架式车身结构力流分析模型和详细分析模型的变形模拟结果分别如图 5.14 和图 5.15 所示。

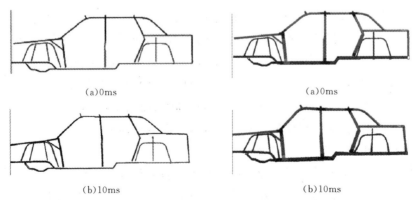

(a)0ms　　　　　　　　　　　　　　　(a)0ms

(b)10ms　　　　　　　　　　　　　　　(b)10ms

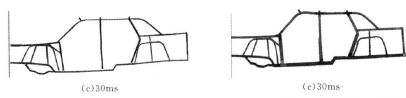

(c)30ms	(c)30ms
图 5.14　力流分析模型的变形时序图	**图 5.15　详细分析模型的变形时序图**

可以看出在整个碰撞过程中,力流分析模型和详细分析模型都显示前舱纵梁的轴向压溃变形较小,本书着眼于车身结构的整体设计,并不讨论吸能盒、触发机构等局部构件的设计,因而该模型的变形可以接受。对比力流分析模型和详细分析模型的变形时序,可以发现力流分析模型正确地模拟出了前舱的弯曲下沉变形、乘员舱顶盖前横梁的变形以及碰撞结束开始反弹时的后舱上翘。

（2）能量变化

碰撞中的整个系统能量变化情况是评价该模型建模是否正确的重要指标之一,图 5.16 对比了采用梁单元建立的力流分析模型和采用壳单元建立的详细仿真模型在正碰工况下的动能、内能和总能量的变化情况。可以看出两个分析模型都满足能量守恒定律,且能量曲线变化趋势相同,所有能量曲线变化平稳,说明数值仿真结果基本可信。

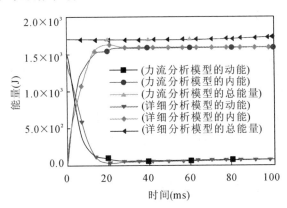

图 5.16　正碰工况的能量变化曲线

（3）碰撞反力

提取力流分析模型和详细分析模型的刚性墙反力随时间的变化曲线,如图 5.17 所示。可以看出两者的变化趋势基本一致。力流分析模型的最大碰撞反力与详细分析模型的相比,有 19.93% 的差异。这是由于力流分析模型采用梁单元建立,不考虑应力集中,且建模的时候需要对模型进行一定的简化,虽然本书已经通过偏置矢量的方法来尽可能确保梁单元模型与几何模型相符,但与壳单元模型构成的详细模型相比还是存在一定的误差。

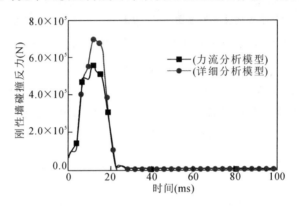

图 5.17 正碰工况碰撞力变化曲线

综上所述,本章建立的力流分析模型能较为准确地反映车身正面碰撞的变形特点,与详细分析模型具有较高的一致性,适合用于接下来的力流分析。

5.3.3 力流分析结果讨论

基于杆件传力和接头传力的基本理论,按照 5.1.3 节分析流程,获得骨架式车身结构正碰工况下每根杆件的内力分量。首先纵向对比随着碰撞时间的推移,车身结构各个内力分量分布状态,总结不同内力分量随着时间推移的传递和转换规律;随后对骨架式车身结构正碰工况下的力流传递进行分级规划,定量分析整个碰撞过程中的力流路径。

(1)轴向内力分布与传递

为了直观显示骨架式车身结构每根杆件承受的轴向内力,直接将轴向分力的绝对值 $|F_x|$ 提取出来,以云图的方式显示轴向内力分布;纵向对比不同碰撞时刻车身结构每根杆件的轴向内力分布,获得轴向内力的传递规律,如图 5.18 所示。

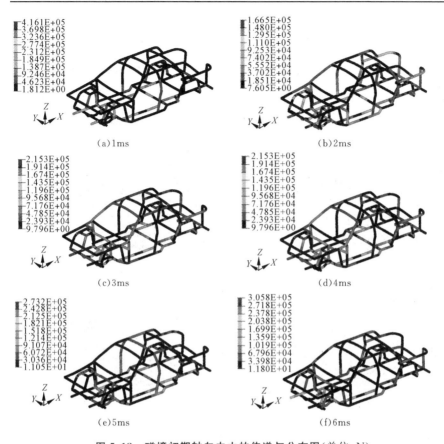

(a)1ms

(b)2ms

(c)3ms

(d)4ms

(e)5ms

(f)6ms

图 5.18 碰撞初期轴向内力的传递与分布图(单位:N)

图 5.18 显示了碰撞初期每一时刻骨架式车身结构每根杆件的轴向内力分布云图,图中内力的单位是 N,红色区域表示承受较大轴向内力的杆件。可以清晰地看到车身结构刚刚接触刚性壁障(1ms)时,前纵梁(1、2 号杆件)承受了最大的冲击载荷,随后轴向内力开始向车身结构的后部传递。在 2ms 至 4ms 时,地板内侧纵梁最先参与分散轴向载荷的工作,随后地板外侧纵梁和顶盖纵梁也开始承担和传递轴向载荷的职责,在这段时间内轴向载荷主要是通过乘员舱向后传递,地板内侧纵梁在此刻分担了较多的冲击载荷。随着整车继续向着刚性墙移动,整车载荷特别是乘员舱及后舱载荷由于惯性,继续向前部施加压力,因而到了 5ms,前纵梁又成为承担最大轴向载荷的构件。

（2）横向内力分布与传递

　　为直观显示不同时刻横向内力在骨架式车身结构内的传递，将每根杆件单元坐标系下 Y 方向的横向剪力 F_y 和 Z 方向的横向剪力 F_z 求平方和并开根号 $\sqrt{(F_y)^2+(F_z)^2}$，以该数值来考查横向内力在车身结构内的分布与传递，如图 5.19 所示。

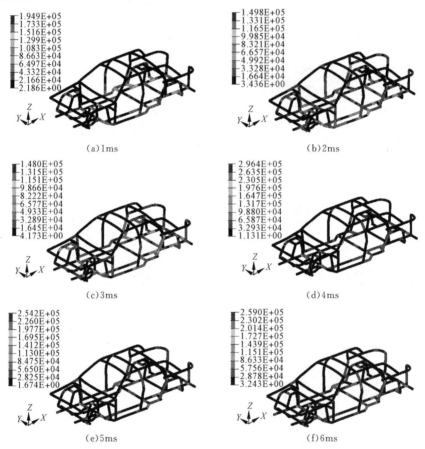

（a）1ms　　　　　　　　　　　　　　　（b）2ms

（c）3ms　　　　　　　　　　　　　　　（d）4ms

（e）5ms　　　　　　　　　　　　　　　（f）6ms

图 5.19　碰撞初期横向内力的传递与分布图（单位：N）

　　图 5.19 直观地显示了碰撞前 6ms 内骨架式车身结构每根杆件的横向内力分布云图。在碰撞初期，时间因素对横向内力的影响并不如其对轴向内力的影响明显，不同时刻车身结构的大横向内力构件始终位于下车身，特别是前纵梁，地板内、外侧纵梁的横向内力始终较大。此外，地板内侧纵梁

上横向内力存在较多的数值突变,这些地方大多为质量点分布处或是接头处(结构突变)。

(3)弯矩内力分布与传递

与横向剪力的处理方法类似,将单元坐标系下 Y 方向和 Z 方向的弯矩内力求平方和并开根号 $\sqrt{(M_y)^2+(M_z)^2}$,以合弯矩的数值来衡量弯矩内力在骨架式车身结构内的分布与传递,如图 5.20 所示。

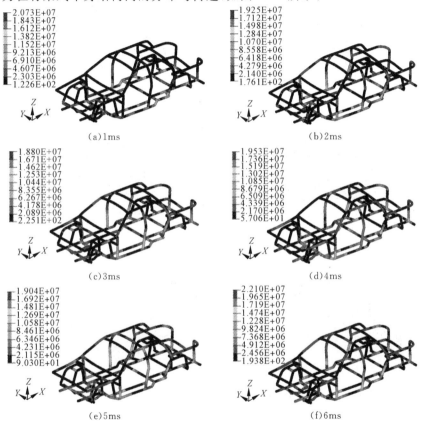

图 5.20 碰撞初期弯矩内力的传递与分布图(单位:N・mm)

图 5.20 显示了碰撞初期不同时刻骨架式车身结构每根杆件的弯矩内力分布云图。可以看到前 2ms 内,下车身特别是地板内、外侧纵梁承担较大弯矩,随后以 A、B、C 柱为主的连接上下车身的立柱开始逐步承担弯矩内力,5ms 以后,车身结构的大弯矩构件主要为立柱。

（4）扭矩内力分布与传递

同轴向内力的处理方法一样，以扭矩分力的绝对值$|M_x|$来分析骨架式车身结构扭矩内力分布与传递。图 5.21 显示了碰撞前 6ms 内车身结构每根杆件的扭矩内力分布云图。

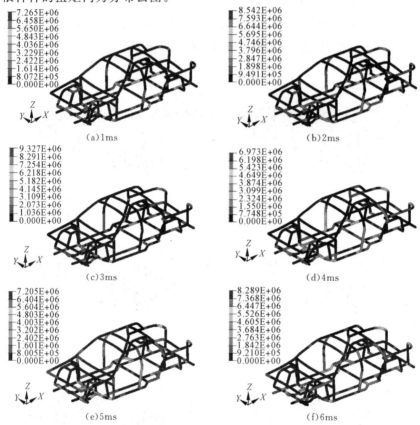

图 5.21　碰撞初期扭矩内力的传递与分布图（单位：N·mm）

同横向内力的分布与传递类似，在碰撞初期，时间因素对扭矩内力的影响并不明显，不同碰撞时刻扭矩内力较大的杆件始终位于下车身。

综合对比前四节的内力传递与分布，可以发现骨架式车身结构的轴向内力和弯矩内力分布呈明显的时间相关性，在碰撞的初期，利用轴向内力和弯矩内力可以看出力流的传递趋势，而横向剪力和扭矩内力在不同时刻的分布相差不大。从数值上比较，骨架式车身结构碰撞初期承受的轴向内力约是横向剪力的 1.5 至 2 倍,弯矩内力约是扭矩内力的 2 至 3 倍,这是因为对于正碰工况,车身结构前舱直接撞向刚性墙,因而整个结构主要承受轴向冲击载荷,而整个车身结构在碰撞过程中始终处于抵抗压溃变形的状态,因此车身结构主要承担 Y 方向的弯矩而不是绕 X 轴的扭矩。

因此对于正碰工况,可以以轴向内力作为车身结构力流传递的主要指标,依据其观测内力由前向后的传递路径;而弯矩内力可以作为车身结构力流传递的指标辅助指标,通过其可以获得内力从主要传力杆件向次要传力杆件流动的趋势。

(5)力流传递的定量分析

依据上文的分析,可以通过轴向内力获得骨架式车身结构正碰工况力流传递,但是轴向内力是随时间变化的量,比较适合评价特定时刻车身结构的力流分布,并不方便考察整个碰撞过程中的力流传递路径。

为定量分析整个碰撞过程中的力流路径,本节对力流传递的分级规划,规定刚性墙到前舱的载荷传递为第一级力流的传递,前舱为第一级力流传递结构;前舱到乘员舱的载荷传递为第二级力流的传递;乘员舱到后舱的载荷传递为第三级力流的传递,具体规划示意图如图 5.22 所示。以上一级流出的冲击载荷作为下一级的流入的冲击载荷,以特定截面的冲击载荷与本级力流传递结构流入的冲击载荷之比作为该截面的载荷通量,以每根杆件的载荷通量来定量评价车身结构在正碰工况下的力流传递。

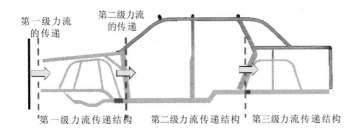

图 5.22　力流传递的分级规划示意图

以特定截面的轴向内力在整个碰撞时间历程上的积分再除以碰撞时间加以描述每个截面的冲击载荷,其计算公式如下:

$$P^i = \frac{\int_0^t F_x^i \mathrm{d}t}{t} \tag{5.17}$$

以上一级流出的冲击载荷 P_{k-1}^{out} 作为下一级的流入的冲击载荷 P_k^{in} ,则 i 截面的载荷通量 Φ_k^i 可以表达为

$$\Phi_k^i = \frac{P^i}{P_k^{in}} \quad (k = 1,2,3) \tag{5.18}$$

其中 $P_k^{in} = P_{k-1}^{out} = \sum P_{k-1}^i$ 为第 k 级力流传递结构的总流入载荷。$k = 1$ 为第一级力流的传递,$k = 2$ 为第二级力流的传递,$k = 3$ 为第三级力流的传递。依据经验,当 $\Phi_k^i \geqslant 10\%$,即可认为该截面为主要传力杆件。

以刚性墙的碰撞反力作为第一级力流传递的输入载荷,表 5.2 列举了第一级力流传递中主要结构件的冲击载荷。左、右纵梁前端承担的冲击载荷占总碰撞输入载荷的 98.33%,可认为左右纵梁作为前舱的主要吸能杆件基本承担了所有的冲击载荷。

表 5.2　第一级力流传递的载荷分配(单位:N)

	输入载荷	左纵梁前端	右纵梁前端
冲击载荷	370177.1	179180.5	184817.4
载荷通量 Φ_1^i(%)	—	48.40	49.93

以前纵梁后端的冲击载荷作为第二级力流传递的输入载荷,以左侧结构为例计算分析力流从前舱向乘员舱的传递。表 5.3 列举了第二级力流传递中主要传力杆件的冲击载荷,可以看出地板内侧纵梁(16 号杆件)、地板外侧纵梁(18 号杆件)和顶盖纵梁(40 号杆件)所承担的冲击载荷占输入载荷的 90.81%,其中地板内侧纵梁承担了 60% 的冲击载荷,为最主要的传力路径,而且将近 80% 的冲击载荷都是由下车身承担的。

表 5.3　第二级力流传递的载荷分配(单位:N)

	前纵梁后端	地板内侧纵梁	地板外侧纵梁	顶盖纵梁
冲击载荷	132344.2	79407.3	23118.4	17651.3
载荷通量 Φ_2^i(%)	—	60.00	17.47	13.34

图 5.23 列举了碰撞初期主要传力杆件轴向内力随时间的变化图,从该图也可看出地板内侧纵梁为乘员舱的主要传力路径,获得与上述载荷通量评价法类似的结论,但并不能量化每根杆件传递载荷的能力。

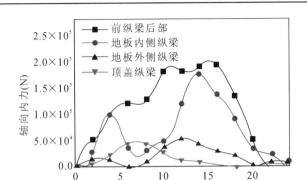

(a)轴向内力随时间变化曲线

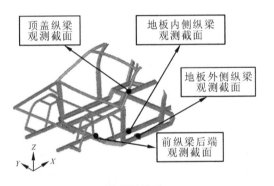

(b)观测截面

图5.23　第二级力流传递的轴向内力对比

依据载荷通量分析,结合前文的内力分析,特别是轴向内力和弯矩内力的分布与传递分析,可以获得骨架式车身结构正碰工况下的力流特性。首先碰撞力通过前纵梁向后传递,此为第一级力流传递过程;随后在前舱与乘员舱交汇处发生分流,产生三条传递路径:其一是通过地板内侧纵梁(15、16号杆件)向后舱传递,其二是通过 A 柱向顶盖传递,再通过顶盖纵梁(39、40号杆件)向后传递,其三是通过地板外侧纵梁(17、18 号杆件)向后舱传递,此为第二级力流传递过程;由于该车身结构乘员舱与后舱并没有明显的隔断,也没有分流结构,地板纵梁贯穿整个乘员舱与后舱,因而认为对于该车身结构,第三级力流传递等同于上一级的力流传递。

由此可见,在第一级力流传递阶段,前纵梁基本承担了全部的冲击载荷,而上车身基本没有参与承载;在第二级力流传递阶段,第一条传力路径的载荷通量高达 60%，是最主要的载荷传力路径；地板外侧纵梁的载荷传递量略高于顶盖纵梁的载荷传递量，但是远远低于地板内侧纵梁这条传力路径通道，整个下车身承担和传递正碰过程中 77.47% 的冲击载荷。因此，在整个碰撞过程中骨架式车身的下车身传递和分散了大部分的冲击载荷，可以在前舱增加连接杆件，将下车身的冲击载荷向上车身引流，提高车身结构的碰撞安全性能。与第 3 章类似，本章也只依据碰撞力流分析结果评价车身结构设计好坏，提出结构改型意见，具体改进方案待试验论证分析后提出。

5.4　本章小结

本章提出一种用梁单元分析骨架式车身结构碰撞工况下力流分布和力流传递的方法，主要工作如下：

(1)将 CR 列式法应用于梁单元有限元模型，利用薄壁杆件轴向压溃和弯曲变形的基本理论，建立考虑几何非线性和材料非线性的梁单元有限元模型。

(2)以 S 形纵梁的压溃分析为例探讨利用梁单元进行碰撞分析的可行性，通过与壳单元仿真结果和实物试验结果的对比，证明本章提出的用于碰撞工况分析的梁单元模型建立方法的准确性和有效性。

(3)建立用于骨架式车身结构碰撞工况分析的梁单元模型，依据《乘用车正面碰撞的乘员保护》对其进行正碰分析。利用杆件传力和接头传力的基本理论，建立杆件内力与外部载荷之间的联系，获得每一时刻每根杆件任意一截面的内力成分。

(4)碰撞的初期，骨架式车身结构的轴向内力和弯矩内力分布呈明显的时间相关性，而横向剪力和扭矩内力在不同时刻的分布相差不大。从数值上比较，骨架式车身结构碰撞初期承受的轴向内力约是横向剪力的 1.5～2 倍，弯矩内力约是扭矩内力的 2～3 倍。

(5)对骨架式车身结构正碰工况下的力流传递进行分级规划，提出载荷通量法定量分析车身结构在正碰工况下的力流传递，在整个正碰过程中，骨架式车身的下车身传递和分散了大部分的冲击载荷。碰撞力流分析可以指出结构设计的不合理，指导车身结构改进。

6 骨架式车身结构力流试验及改进方法

与之前的力流仿真分析不同,本章给出骨架式车身结构的力流试验分析方法。基于车身结构力流分析基本原理,确定尽可能充分全面反映力流传递的试验方案。重点关注刚度和结构的刚度匹配,各构件之间的连接关系以及接头的位移。合理选取测点数目、测点位置,通过测量骨架式车身结构关键位置的应力应变,推断杆件的受力特点,进而获得车身结构的力学特性分布。提出用具有相同量纲的应力成分来描述力流分布,用内力矩来描述力流传递较为合理的力流评价方法,获得骨架式车身结构试验工况下的力流分布与传递规律。

6.1 力流试验基本原理

依据3.2节论述的车身构架力流分析基本原理可知,若想获知车身构架的力流必须弄清楚每根杆件的力学特性。不同于力流仿真分析可以直接通过传递矩阵、拐点矩阵等关系表达式建立杆件内力和外部载荷之间的联系,力流试验只能利用应变仪获取车身构架关键位置的应变信息,通过应力应变构建杆件内力和外部载荷之间的间接关联。因此,力流试验分析方法的步骤也略微不同于力流仿真分析方法,对于试验分析,首先需要依据杆件特征合理布片,利用应变仪识别出杆件测量截面在单元局部坐标系下的轴向、水平以及垂直三个方向的内力产生的应变分量以及内力矩产生的应变分量;随后,利用应力应变的对应关系,求出杆件的应力成分;进一步推断杆件的内力分量,从而获得车身构架在试验工况下的力流传递及分布。本章将介绍如何通过测量获得的应变值计算出杆件的应力成分和内力成分。

6.1.1　杆件应力成分计算公式

（1）拉压、弯矩和翘曲应力成分计算公式

本试验测量杆件的截面类型有槽形、圆形和矩形，根据同一测量截面上四个顶点的应变值 $\varepsilon_i, i = 1,2,3,4$ 可计算出杆件的轴向应变 ε_P，单元局部坐标系内绕 y 轴弯矩产生的应变，绕 z 轴变矩产生的应变，弯曲扭转双力矩产生的翘曲应变 ε_ω，进一步依据应力应变关系，获得杆件的拉压应力、弯矩应力和翘曲应力。

①槽形截面和方形截面

槽形截面具有剪心 S 和型心 O 不重合的特点，如图 6.1(a)所示。因此，z 轴不在截面宽度的中点，进而导致绕 z 轴弯矩产生的应变和翘曲产生的应变在第 I 象限的 4 号测点和第 II 象限的 3 号测点的绝对值不相等，在第 III 象限的 2 号测点和第 IV 象限的 1 号测点的绝对值也是不相等。因此引入 $k = u / v$ 和 $k_\omega = m/n$ 这两个系数来计算槽形截面的应力成分，其中 u, v, m, n 分别指代图 6.1(a)所标示的长度。槽形截面的各内力成分产生的应变值如下：

$$\varepsilon_P = \frac{k(\varepsilon_1 + \varepsilon_4) + \varepsilon_2 + \varepsilon_3}{2(1 + k)} \tag{6.1}$$

$$\varepsilon_{My} = \frac{k_\omega(\varepsilon_1 - \varepsilon_4) + \varepsilon_2 - \varepsilon_3}{2(1 + k_\omega)} \tag{6.2}$$

$$\varepsilon_{Mz} = \frac{\varepsilon_1 + \varepsilon_4 - \varepsilon_2 - \varepsilon_3}{2(1 + k)} \tag{6.3}$$

$$\varepsilon_\omega = \frac{\varepsilon_2 + \varepsilon_4 - \varepsilon_1 - \varepsilon_3}{2(1 + k_\omega)} \tag{6.4}$$

方形截面的应变成分计算方法与槽形截面类似，只需令 $k = k_\omega = 1$ 即可。

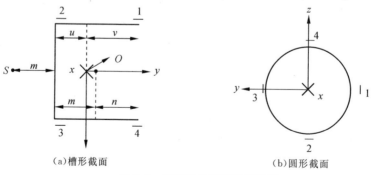

(a)槽形截面　　　　　　　　　　(b)圆形截面

图 6.1　典型测量截面的示意图

②圆形截面

根据薄壳理论,圆形截面不存在翘曲应力,因此,圆形截面[图 6.1(b)]的应变成分的计算方法:

$$\varepsilon_P = \frac{\varepsilon_1 + \varepsilon_2 + \varepsilon_3 + \varepsilon_4}{4} \tag{6.5}$$

$$\varepsilon_{My} = \frac{\varepsilon_2 - \varepsilon_4}{2} \tag{6.6}$$

$$\varepsilon_{Mz} = \frac{\varepsilon_3 - \varepsilon_1}{2} \tag{6.7}$$

鉴于本次试验在弹性范围内进行,根据材料力学应力应变关系 $\sigma = E\varepsilon$,求出拉压应力 σ_P,My 向弯矩产生的应力 σ_{My},Mz 向弯矩产生的应力 σ_{Mz} 和翘曲应力 σ_ω。

(2)扭矩应力成分计算公式

对于扭矩,本试验通过剪切片组成的全桥测得扭矩产生的剪应变 γ,剪应变 γ 的计算方法:

$$\gamma = \frac{\varepsilon_1 + \varepsilon_2 - \varepsilon_3 - \varepsilon_4}{2} \tag{6.8}$$

同样可由材料力学应力应变关系,求出扭矩应力 τ_x。

6.1.2　杆件内力成分计算公式

根据内力和应力的对应关系,可以获得杆件的轴向力 F_P,绕 y 轴弯矩 M_y,绕 z 轴弯矩 M_z 以及扭矩 T_x:

$$F_P = \sigma_P \times A \tag{6.9}$$

$$M_y = \frac{\sigma_{My} \times I_y}{z} \tag{6.10}$$

$$M_z = \frac{\sigma_{Mz} \times I_z}{y} \tag{6.11}$$

$$T_x = 2 \times t \times A^* \times \gamma \times G \tag{6.12}$$

具体符号的定义参见 4.2.4 节,此处不再累述。同时根据材料力学知识可知,剪力即为该平面内的弯矩变化的导数,据此在局部坐标系内的 y 方向和 z 方向的剪力 F_y 和 F_z 可通过同一杆件的两截面内的弯矩取其斜率。

6.2　力流试验方案拟定

6.2.1　试验台架的搭建

本次试验的研究对象为第 2 章参照综合工况拓扑优化结果建立的骨架式车身结构,分析工况选取汽车设计中的重要工况:扭转工况。按照行业规范,扭转工况可以在车身特定位置上施加一个扭矩来模拟,本试验完全约束住车身的后悬架塔形支撑处,在车身前轮轮心处施加一对互为相反的力来模拟扭转加载,搭建好的试验台架如图 6.2 所示。

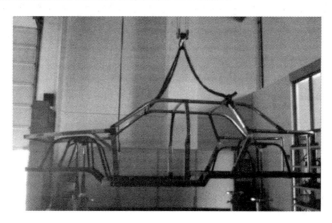

图 6.2　试验台架的搭建

6.2.2　试验测点的拟定

试验扭转工况下骨架式车身每根杆件不直接承受外载(加载的扭矩和骨架式车身的约束都通过加载板模拟扭转工况来实现)。各杆件通过接头(杆件交汇点)传递力和力流,并互相约束。构件在接头处力流要发生变化,而在构件自身内,力流的传递规律依照材料力学的基本原理。因此测点的布置需要兼顾杆件内部的力流分布和接头处的力流变化。由于接头处是力流交汇处,而且存在较为严重的应力集中现象,因此力流试验需要在杆件靠近接头处布置测点。考虑到实车尺寸,本次试验每根杆件至少布置两个测量截面,测量截面分布在离接头处约 100mm 至 150mm 处,每个测量截面上布置 4 个测点,测点尽量远离焊缝以避免焊缝对测量结果的影响。此外,由于扭矩在同一杆件内原则上不发生变化,且根据切应力互等假说可认为同一杆件任意位置扭矩引起的切应力相等,为此本试验还在关键杆件的中间位置布置剪切片以测量扭矩。

通过预试验和有限元分析,根据车辆的实际使用情况以及与工程师的交流,认为测点数目太少不便于反映力流的情况,但测点数目太多则过于耗费人力物力。综合考虑测量成本、测试精度,认为测量截面数目不应该少于 100 个,测点数目不应该少于 400 个,本试验最终选取 536 个测点。

采用车身坐标系作为全局坐标系,以大写的 XYZ 表示;杆件的局部坐标系采用右手坐标系定义,用小写的 xyz 表示,以局部坐标系作为参考进行贴片计算。外力和杆件内力的正负号规定:力以与局部坐标系方向相同者为正,力矩或扭矩以左手螺旋法则一致者为正,反之为负。为方便数据记录及数据处理,需对测量杆件、测量截面以及测点进行有序的编号。具体编号方法如下:

(1)杆件编号规则

定义全局坐标系为车身坐标系,对于左右对称杆件,位于 Y 轴正方向的杆件为 i(奇数)号杆件,则位于 Y 轴负方向相应位置的杆件为 $i+1$(偶数)号杆件。对于轴向力、弯矩、剪力的测量,测量杆件的具体编号如图 6.3 所示,由于位置有限,沿全局坐标系 Z 方向的偶数号杆件编号没有列出。对于扭矩测量截面,如图 6.4 所示,测点布置在杆件中间。

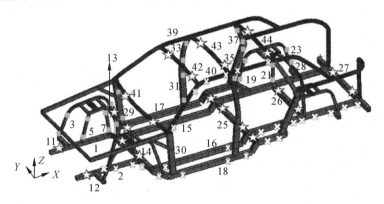

图 6.3 测量的杆件编号及测量(轴向力、弯矩、剪力)截面分布示意图

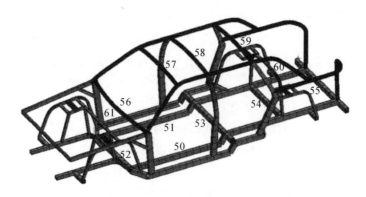

图 6.4 扭矩测量截面分布示意图

（2）测量截面分布

测量截面的分布如图 6.3 所示，⊗符号表示沿全局坐标系 X 方向的杆件上的测量截面；✛符号表示沿全局坐标系 Z 方向的杆件上的测量截面；☆符号表示沿全局坐标系 Y 方向的杆件上的测量截面。

（3）测点编号规则

测点编号采用五位数命名，前两位数表示杆件的编号，总共有 44 个测量杆件，具体编号参照附录 B 前 44 根杆件编号对照表；第三位数表示工况数；第四位数表示沿杆件轴向方向的测量截面编号；第五位数表示测量截面上的测点号，每个测量截面上有 4 个测点。例如测点 16013 表示 16 号杆件乘员舱地板内侧纵梁，其 1 号测量截面的 3 号测点在 0 号工况，即扭转工况下的响应值。

6.2.3 测量方案的拟定

图 6.5 显示了杆件内力测量的贴片方案及测量电路，同一测量截面选取四个靠近边缘的顶点作为测点，每个测点沿着杆件延伸方向贴上单向应变片，在相同材料制成的钢板上贴上同样规格的应变片，作为温度补偿片。将每一个被测片和温度补偿片组成电桥连入预调平衡箱，组成半桥测量电路来测量同一截面内的四个测点的应变 ε_1、ε_2、ε_3、ε_4。利用 6.1.1 节的杆件应力成分计算公式可获得杆件的轴向应变 ε_P，单元局部坐标系内绕 y 轴弯矩产生的应变 ε_{My}，绕 z 轴弯矩产生的应变 ε_{Mz}，弯曲扭转双力矩产生的翘曲应变 ε_ω，进一步通过 6.1.2 节杆件内力成分计算公式获得该测量截面的轴向

力、单元局部坐标系下 y 方向和 z 方向的剪力、绕 y 轴和 z 轴的弯矩以及弯曲扭转双力矩。

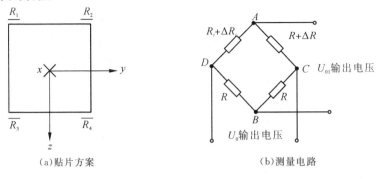

(a)贴片方案   (b)测量电路

图 6.5   杆件内力的测量方案

杆件扭矩的测量方案略有不同,可以通过在杆件内外表面相对应处粘贴一对剪切片组成全桥四片测量电路获得,这样的布片方法可以排除拉力和剪力对扭矩的影响,具体的测量方案如图 6.6 所示。

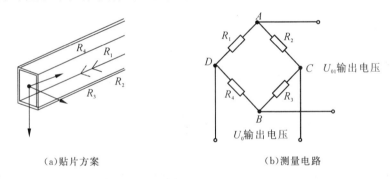

(a)贴片方案   (b)测量电路

图 6.6   杆件扭矩的测量方案

6.3   力流试验基本步骤

本次试验包括试验准备(仪器设备的标定以及试验夹具的制作等)、应变片接线以及试验分级加载和数据记录这几个步骤。

6.3.1   试验准备工作

本试验利用静态电阻应变仪采集应变数据,采用标准应变模拟仪对 6 台应变仪进行标定,选择其中较为准确的3台应变仪开展后续测量工作。采用标定后的压电力传感器作为加载力的监控装置,其中传感器应变 $\varepsilon_{传}$ 和加载力 F 之间的关系为: $\varepsilon_{传} = F \times 0.2842$ 。

图 6.7　力流试验的试验加载装置

试验加载装置如图 6.7 所示,为了将骨架式车身固定在 6.2.1 节中设计的试验台架上,需在四个前后轮罩塔形支撑处加焊槽钢,槽钢中部穿孔加销,通过销连接球铰和槽钢,通过球铰链将车身骨架与可调节刚性螺杆以及 T 形台架相连,通过可调螺杆调整车身至水平状态,紧固可调螺杆,完成试验准备工作。

6.3.2　应变片的贴片及接线

打磨、清洗被测杆件,将应变片按照 6.2.3 节中拟定的测量方案粘贴在相应测点,再将应变片引脚和导线焊接到过桥上,随即对焊接好引脚的应变片进行电阻测量检查,不合格的应变片重新贴片,合格的应变片如图 6.8 所示,由于测点数目较多,及时对贴好的应变片进行编号也是必不可少的工作。此外,由于应变片长时间暴露于室外会导致测量结果的不准确,为此本试验对贴片合格的应变片表面涂上一层保护胶层以隔绝空气,做好保护工作的应变片如图 6.9 所示。

图 6.8　应变片的粘贴

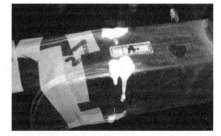

图 6.9　应变片的保护

本次试验共有 512 个单向应变片和 24 个剪切片。按照 6.2.3 节的测量方案,将每一个单向应变片和温度补偿片分别接触预调平衡箱,组成半桥来测量每个测点的单向应变;对于 24 个温度自补偿的剪切片,不需要额外的温度补偿片,按每两个一组组成电桥接入预调平衡箱进行测点的应变测量,预调平衡箱及应变仪安装如图 6.10 所示。

图 6.10   预调平衡箱及应变仪

6.3.3   试验分级加载和数据记录

正式测量开始之前需对车架进行预加载,以尽量消除试验支承间隙对测量结果的影响。

为了监测数据是否按规律变化,采用分级加载和卸载施加外力,载荷等级为 1000 N · m 和 2000 N · m。同时,为验证试验的对称性,采用左右两侧加载的方式,为确保试验结果准确性,每个测点测量三次,试验现场如图 6.11所示。

图 6.11   力流试验的试验现场

6.4　力流试验结果分析

6.4.1　试验结果可信性分析

对每个测点进行三次测量,采用均值作为最终的测量结果。从一致性、对称性和趋势性三个方面来评价实验结果。

(1)一致性分析

采用分级加载的方式检验测量数据的一致性,采用标准差作为测量结果一致性的评价指标,采用前轮处顺时针方向加载扭矩和逆时针方向加载扭矩来评判应变片的好坏。对于测量一致性不好的测点或是应变片损坏的测点采用重新贴片测量的方法加以改进。数据处理显示试验一致性较好,各测点的三次测量数据偏差基本集中在 6% 以内,仅有个别测点误差较大,这可能是由于该处应变太小,小于仪器本身的试验误差而造成的。

(2)对称性分析

由于该车型结构基本对称,所以对于同一测点,在顺时针加载和逆时针加载工况下,应该有相同的应变值;且对于左右对称杆件在相对立的加载工况下,镜像对称测点应该具有相同的应变值。

以右侧、左侧前轮罩内侧后立柱 7 号杆件和 8 号杆件为例说明测量结果的对称性,7、8 号杆件的测点分布如图 6.12 所示。

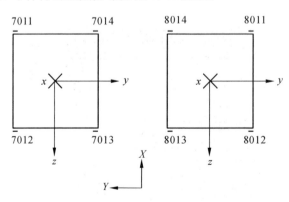

图 6.12　7、8 号杆件的测点分布图

　　表6.1显示了在不同加载工况下7号杆件和8号杆件的最终测量结果（三次重复测量获得的应变取平均值），仔细对比可以发现7号杆件的7013测点在左侧所有加载等级下的测量结果都和8号杆件的8013测点在右侧相同加载等级下的测量结果基本相同，其他测点也具有相类似的结果。表6.2列举了7、8号杆件的具体内力计算结果，可以发现镜像杆件在相同的加载工况下具有弯矩大致相等但轴向力数值相等、方向相反的规律。

表6.1　7、8号杆件的应变结果（单位：$\mu\varepsilon$）

载荷 测点	左边加载					右边加载				
	加载（N·m）			卸载（N·m）		加载（N·m）			卸载（N·m）	
	0	1000	2000	1000	0	0	1000	2000	1000	0
7011	0	19.5	35.5	19.5	1.5	0	−14	−31	−13	3.5
7012	0	−21	−42.5	−21	1	0	19.5	38	19.5	0
7013	0	−38.5	−76.5	−39	2	0	38.5	77	39.5	1
7014	0	18.5	35.5	19	1.5	0	−15	−29.5	−13.5	2.5
7021	0	−22	−42.5	−22	−1.5	0	21.5	41	19.5	−2.5
7022	0	−29.5	−59.5	−29.5	−1	0	30	63.5	28.5	−2
7023	0	10	22	11	−1	0	−13	−24	−11	1.5
7024	0	14.5	32.5	14.5	−1	0	−19	−35.5	−17.5	0.5
8011	0	−11	−23	−12	0	0	9.5	17.5	9.5	0
8012	0	18	38.5	19.5	0	0	−18.5	−36.5	−18.5	0.5
8013	0	33.5	72	33	−5.5	0	−36.5	−76.5	−40.5	−6
8014	0	−13.5	−27.5	−14.5	−1	0	12.5	25	13.5	1.5
8021	0	18	37	18	−0.5	0	−18	−36.5	−18	1
8022	0	28.5	58	29	−0.5	0	−28	−57	−27.5	0.5
8023	0	−4.5	−10	−12	−2	0	5.5	9.5	6	1
8024	0	−11	−24	−11	0	0	11	23	11	0

表6.2　7、8号杆件在2000 N·m的加载工况下的内力（力的单位:N;力矩单位:N·m)

测量截面	701			702		
内力	Y向弯矩	Z向弯矩	轴向力	Y向弯矩	Z向弯矩	轴向力
左侧加载	22908.36	6149.087	−683.1	3315.684	−28303.9	−675.984
右侧加载	−21160.1	−7324.65	775.6031	−4099.39	29660.3	640.4063
测量截面	801			802		
内力	Y向弯矩	Z向弯矩	轴向力	Y向弯矩	Z向弯矩	轴向力
左侧加载	19411.82	5244.809	853.875	4219.961	−23330.4	868.1063
右侧加载	−18748.7	−5877.8	−1003.3	−4099.39	22787.79	−868.106

（3）趋势性分析

对于静态线性加载试验,测点的变化应呈现一定的线性规律。图6.13
显示了两个对称测量截面:7、8号杆件的701号截面和801号截面在顺时针
分级加载工况下和逆时针分级加载工况下的应变值变化曲线,可以发现随
着施加载荷呈倍数增加时,试验测得的应变值也基本呈现倍数变化规律;此
外,加载和卸载过程中的一致性也较好,卸载后应变值基本能恢复原值,说
明在试验过程中,车架一直处于弹性变形阶段,试验具有较高的可重复性。

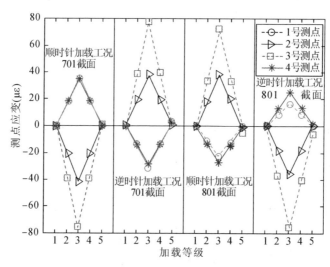

图6.13　7、8号杆件试验结果的趋势性分析

综合上述分析可知,本次力流试验测量数据一致性较好、线性程度较

高、左右对称杆件的试验数据呈现对称分布,试验结果可信度较高。

6.4.2 骨架式车身结构应力成分分析

根据 6.1.1 节提供的杆件应力成分计算公式,获得测量截面应力成分。由于不同的力或力矩产生的应力具有相同的量纲,因此采用应力成分来分析力流的分布。

按照杆件的走向将骨架式车身结构的杆件分为 X 方向的纵梁、Y 方向的横梁和 Z 方向的立柱这三类杆件,表 6.3 列举了各个方向杆件应力成分的平均值和标准差;图 6.14 显示了不同方向杆件的各个截面的力流分布图;表 6.4 则列举了乘员舱方形截面纵梁 15 号杆件各测量截面的表面应力及其对应的应力成分。

由表 6.3 可以看出立柱的各项应力成分均较小,而横梁和纵梁的各项应力成分相当,均远大于立柱的应力成分。此外,各个杆件弯矩产生的应力远大于其他力产生的应力,其中横梁的弯矩应力成分之和所占比例高达 85.97%,其余各个方向杆件的弯矩应力成分之和也在 75% 以上,由此可见,弯矩对法向应力的贡献度远高于轴向力和弯曲扭转双力矩,细长薄壁杆件主要是通过弯矩进行力流传递的。

表 6.3   各方向杆件的应力成分平均值和标准差

杆件类型	分量	应力成分(MPa)				
		轴向	Y 向弯矩	Z 向弯矩	翘曲	总量
纵梁	平均值	2.48	15.29	16.90	6.55	41.21
	标准差	2.54	12.42	16.63	7.51	——
	成分比例	6.01%	37.09%	41.01%	15.90%	1
横梁	平均值	1.15	15.30	21.89	4.92	43.25
	标准差	1.12	13.35	21.42	6.22	——
	成分比例	2.65%	35.37%	50.60%	11.38%	1
立柱	平均值	1.59	7.68	7.33	2.90	19.50
	标准差	0.85	6.18	6.51	4.11	——
	成分比例	8.17%	39.37%	37.58%	14.88%	1

图 6.14(a)、(b)、(c)则分别显示了纵梁、横梁和立柱的各个截面的不同

应力成分的数值柱状图,每张图上用虚线标出 30MPa 作为参考线,鉴于骨架式车身良好的受力对称性,图 6.14(a)、(c)中仅列举了纵梁和立柱的单数号杆件(左侧杆件)的应力成分。

这三张图清晰地显示了整个车身骨架的力流分布,其中弯矩应力成分超过 30MPa 的杆件主要集中在前舱和顶盖,并以前纵梁后部(102、103、104、202、203、204 截面),前舱后上横梁(1301、1302 截面),顶盖与 C 柱相连的横梁(4401、4402 截面)这三处为甚,这样的结果分别与表面应力高于 30MPa 和 50MPa 的截面[图 6.14(b)]基本吻合。

反观拉压应力和翘曲应力,其大小和杆件表面应力的大小没有直接联系。但是在接头处,杆件受到相连接其他杆件的约束扭转,杆件截面翘曲变形,各处翘曲程度不同,纵向纤维或伸长或缩短,产生翘曲应力。翘曲应力大小,与力流在接头处传递密切相关。例如乘员舱中部下车身中后部的横梁和纵梁(15、17 和 25 号杆件)中存在数个测量截面翘曲应力较高,这些截面的表面应力往往适中,但是它们附近往往会出现高应力区域,这点可以从表 6.4 中得到体现。表 6.4 列举了乘员舱方形截面纵梁 15 号杆件各测量截面的表面应力及其对应的应力成分,其中超过 50MPa 的表面应力和超过 10MPa 的翘曲应力加粗表示。乘员舱地板纵梁上的 1505、1506 和 1507 截面位于车身骨架后悬架约束点附近,明显处于杆件交汇密集处,该处纵梁被乘员舱第三横梁、后轮支撑立柱隔断成了粗短梁,1505 和 1507 截面翘曲情况明显,受力情况复杂,并不是单单靠弯矩来传递力流。

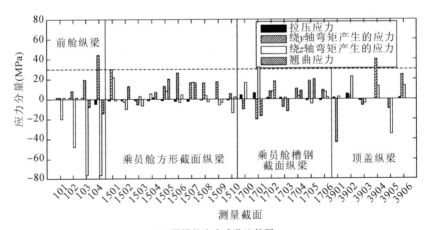

(a)纵梁的应力成分比较图

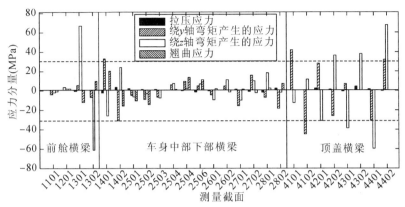

(b)横梁的应力成分比较图

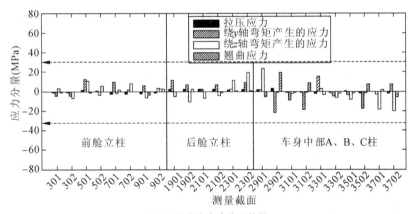

(c)立柱的应力成分比较图

图6.14　各测量截面的力流分布图

表6.4　乘员舱方形截面纵梁(15号杆件)各测量截面的表面应力与应力成分

测量截面	应力(MPa)							
	1号测点	2号测点	3号测点	4号测点	轴向	y向弯矩	z向弯矩	翘曲
1501	**51.50**	5.56	**−51.29**	−11.43	−1.42	29.95	21.45	−1.52
1502	−26.85	20.05	−1.24	4.88	−0.79	−2.61	−10.20	**13.25**
1503	2.68	−14.90	9.20	1.51	−0.38	−5.73	2.47	−6.32
1504	−2.13	10.09	−15.52	0.41	−1.79	5.77	0.93	7.04
1505	0.89	24.45	−41.47	14.08	−0.52	13.18	8.00	**19.78**

续表 6.4

测量截面	应力(MPa)							
	1号测点	2号测点	3号测点	4号测点	轴向	y向弯矩	z向弯矩	翘曲
1506	40.99	6.59	−5.22	**−52.12**	−2.44	26.23	−3.12	3.78
1507	36.39	−7.07	−30.63	−6.18	−1.87	16.53	16.98	**16.24**
1508	17.17	12.98	−21.15	−11.33	−0.58	15.66	3.50	−2.70
1509	11.06	23.42	−11.81	−23.14	−0.12	17.36	−5.92	−3.21
1510	−9.13	16.82	8.79	−20.39	−0.98	4.82	−13.78	1.49

因此可以做如下论断:弯矩应力成分可以作为力流分布的主要评价指标,翘曲应力为观测力流走向的辅助手段。当翘曲应力远小于弯矩应力时,力流传递不受其他相连接杆件的影响;当翘曲应力增大到与弯矩应力相当的水平时,力流传递通过相连接杆件分流,传递方向发生改变。弯矩应力大说明该处承担的载荷较多,但具体应力集中的成因则需要通过力流传递进行分析。为此,下文以弯矩为主,展开力流传递方面的讨论。

6.4.3　骨架式车身结构内力成分分析

根据 6.1.2 节的杆件内力成分计算公式获取测量杆件的内力成分,随后根据杆件的走向将力分为在 XOZ 平面内的纵向传递(图 6.15)和在 YOZ 平面内的横向传递(图 6.16)来讨论。

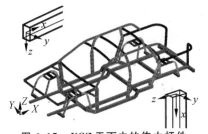

图 6.15　XOZ 平面内的传力杆件

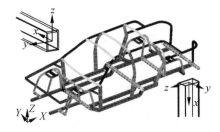

图 6.16　YOZ 平面内的传力杆件

在 XOZ 平面内,骨架式车身结构的受力状况类似一端固定一端受垂直方向载荷的悬臂梁,图 6.17 显示了车身结构在 XOZ 平面内的力矩传递图。

在 YOZ 平面内,骨架式车身结构受到前悬处的外载荷扭矩,进而产生扭转变形,图 6.18 显示了车身结构在 YOZ 平面内的力矩传递图。

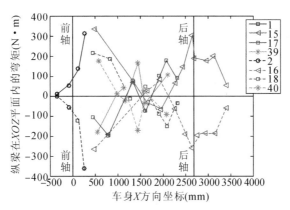

(a)纵梁在 *XOZ* 平面内的弯矩

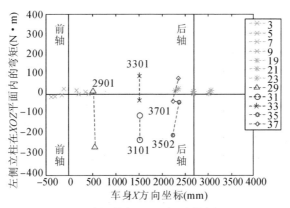

(b)左侧立柱在 *XOZ* 平面内的弯矩

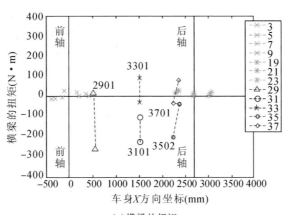

(c)横梁的扭矩

图 6.17 骨架式车身结构在 *XOZ* 平面内的力矩传递图

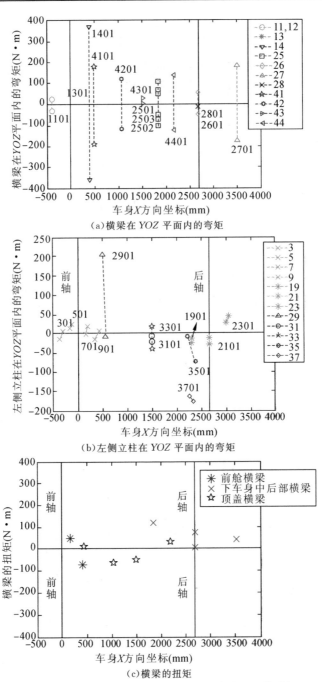

图 6.18　骨架式车身结构在 *YOZ* 平面内的力矩传递图

可以看出,力流在 XOZ 平面内的传递主要是依靠纵梁进行的,由图 6.17(a)的纵梁弯矩传递图可以看出纵梁与横梁或是立柱发生交汇时,纵梁的弯矩曲线便出现转折,弯矩曲线的斜率发生较大变化,这意味着其他杆件的内力作用到纵梁上。观察杆件的连接方式,可以推断对纵梁 XOZ 平面产生影响的是立柱的轴向力或是横梁的扭矩。当杆件上无外载荷作用时,杆件内的剪力为常数,弯矩为直线;当横向外力作用在杆件上时,杆件的弯矩会发生转折,剪力数值发生改变;当外力偶作用在杆件上时,杆件的弯矩会发生突变,突变的数值为该处外力偶的数值。乘员舱中后部的矩形纵梁(15、16 号杆件)后轴处有弯矩突变。结合图 6.17(b)、(c),发现该处立柱弯矩的数值较小且没有什么变化,而横梁的扭矩较大,数值上与纵梁弯矩的突变基本吻合。后悬处的下横梁维持左右车身的平衡,产生的扭矩作用于纵梁上。同样乘员舱中后部的槽形截面纵梁(17、18 号杆件)也是通过力矩的改变将力通过 A、B、C 柱传递给上车身,上车身再通过横梁和纵梁将力传回约束点。与此相应,力流在 YOZ 平面内的传递主要是依靠横梁进行的,由图 6.18(a)的横梁弯矩传递图可知作用在前悬处的外载荷扭矩使横梁在 YOZ 平面内产生较大的弯矩,用以抵抗车身结构的扭转。上下车身相隔较近的横梁由立柱连接组成抗扭环。抗扭环相互牵制和关联,使横梁受力尽可能均衡。

综合上述分析可知:扭转工况下纵梁起主要传递力流的作用,横梁在力流传递过程中主要起到抵抗外载荷扭转的作用,维持车身结构左右两侧的受力平衡。此外,横梁和立柱一起组成了抗扭环,主要起分流的作用。力在骨架式车身内的传递途径主要有两条:一条是前悬支撑将力传入下车身,下车身纵梁承担主要弯矩,将力传入约束点;另一条是从下车身槽型纵梁处分流至上车身,通过上车身的纵梁传递主要弯矩至约束点。

6.5　基于力流分析的骨架式车身结构优化

6.5.1　车身结构的优化方案

根据 6.4 节的力流试验结果以及 4.4 节和 5.3 节的力流仿真结果可知该骨架式车身结构的大弯矩杆件分布不均匀,存在多处轴向力流断点,并没有很好地利用全部杆件的承力特性。首先,骨架式车身的前舱前部既没有立柱结构将上下舱连接起来,也没有横梁将左右纵梁连起来。外力从前悬处输入,若沿着前纵梁向前传递,传递到最前端无路可走,导致力只能向后传递。同时在图 6.18(a)、(b)中可以看到乘客舱地板第一横梁(14 号杆件)和 A 柱(29、30 号杆件)明显承担了较大的弯矩。这可能是由于前舱前部缺少杆件,与其临近的前舱后部相似位置的横梁和立柱为了承担缺失杆件的职责而承受了较大的弯矩。其次,骨架式车身的中部和后部缺少左右连通的结构件抵抗扭转外力。依据此,提出骨架式车身结构改进的方案,如图6.19所示。

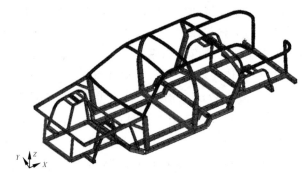

图 6.19 改进后的骨架式车身结构

6.5.2 优化前后车身结构的力流分析对比

对改进后的车身结构按照 4.4.2 节的力流仿真分析方法和 6.3 节的力流试验分析方法重新进行了一轮力流分析。图 6.20 显示了改进前后骨架式车身结构在 2000N·m 的加载扭矩下的应力分布云图。

可以发现改进后的骨架式车身结构的 von misses 应力明显下降,车身结构的应力分布更加均匀。原本完全不受力的前舱盖前横梁(61 号杆件)和前舱盖纵梁(45、46 号杆件)也开始承受载荷,这说明前舱新增杆件可能起到分担前舱下纵梁力流的作用,改善了前舱受力不均匀的状况。

图 6.21(a)、(b)对比显示了优化前后骨架式车身结构纵梁的应力成分,可以发现优化后各纵梁的应力成分明显下降,基本集中在 25MPa 左右,其余方向的杆件也有类似结果,车身结构的力流分布更加均匀。

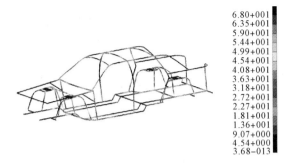

6.80+001
6.35+001
5.90+001
5.44+001
4.99+001
4.54+001
4.08+001
3.63+001
3.18+001
2.72+001
2.27+001
1.81+001
1.36+001
9.07+000
4.54+000
3.68-013

(a)改进前的车身结构

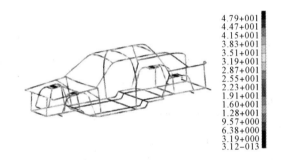

4.79+001
4.47+001
4.15+001
3.83+001
3.51+001
3.19+001
2.87+001
2.55+001
2.23+001
1.91+001
1.60+001
1.28+001
9.57+000
6.38+000
3.19+000
3.12-013

(b)改进后的车身结构

图 6.20 试验扭转工况下的骨架式车身结构应力分布云图

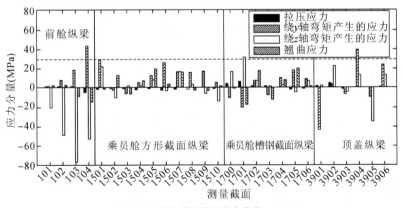

(a)优化前的纵梁应力成分

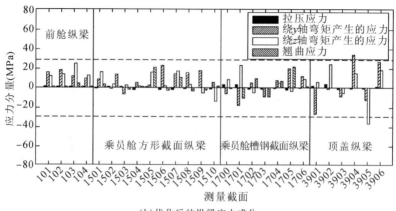

（b）优化后的纵梁应力成分

图 6.21　优化前后骨架式车身结构的力流分布对比图

表 6.5 列举了优化前后地板横梁（14 号杆件）弯矩的变化数值，可以看出优化改进后前舱和乘员舱的连接横梁弯矩明显下降，最高降幅达到 79.57%。

表 6.5　优化前后 14 号杆件弯矩的变化（单位：N·m）

测量截面	内力成分	改进前		改进后		弯矩下降程度	
		试验值	仿真值	试验值	仿真值	试验值	仿真值
1401	绕 y 轴弯矩	368.703	328.928	199.384	199.202	−45.92%	−39.44%
	绕 z 轴弯矩	−247.736	−161.563	−66.645	−58.217	−73.10%	−63.97%
1402	绕 y 轴弯矩	−360.184	−278.516	−169.418	−163.431	−52.96%	−41.32%
	绕 z 轴弯矩	225.655	194.491	46.1016	57.3307	−79.57%	−70.52%

图 6.22 对比显示了优化前后骨架式车身结构的力流传递，可以发现改进优化后，前舱纵梁和乘员舱纵梁连接处的弯矩明显下降。这是因为前舱新增加的立柱和横梁形成了力的传递通道，引导纵梁的部分弯矩向前传递，优化改进结构承载能力较强、均匀性更好。

根据应力成分和内力成分分析，做出优化后骨架式车身结构的力流传递示意图，如图 6.23 所示。优化后的骨架式车身在 XOZ 平面的弯矩力流依然保持原本三条向后传递的路径，此外还增加一条向前传递的力流，将前悬架处输入的外力通过前舱纵梁、前舱前部立柱引至前舱盖（45 号杆件），这条传递路径很好地分担了乘客舱地板第一横梁（14 号杆件）和 A 柱（29、30 号杆件）的弯矩，改善了前舱下纵梁以及前悬架附近的应力集中现象。此外，改进后的车身结构在车身的前部、中部和后部形成了多个抗扭环，很好地解决了左右杆件连接件缺失的问题，车身结构更加完整，因而整体结构的应力分布、弯矩分布更加均匀。

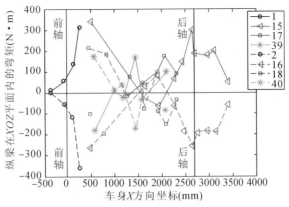

（a）优化前纵梁在 XOZ 平面内的弯矩

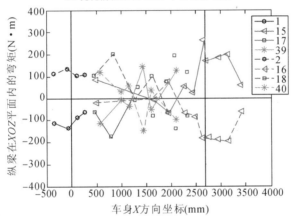

（b）优化后纵梁在 XOZ 平面内的弯矩

图 6.22　优化前后骨架式车身结构的力流传递对比图

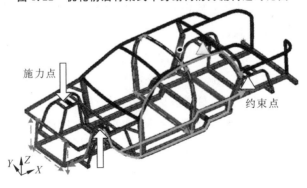

图 6.23　优化后骨架式车身结构的力流传递示意图

6.5.3　优化前后骨架式车身结构的力学性能评价

为了直观地比较改进前后骨架式车身结构的力学性能,本章引入和改进承载因子(LCF)[153]和承载均匀性系数(CUC)[154,155]来评价结构的承载能力和承载均匀性。骨架式车身结构承载因子 LCF 可定义如下:

$$LCF = \sum_{i=1}^{n} L_i A_i$$

$$L_i = (w_1 \times |\sigma_P| + w_2 \times |\sigma_{My}| + w_3 \times |\sigma_{Mz}| + w_4 \times |\sigma_\omega|) \times t_i$$

(6.13)

其中 A_i 为构件的截面面积, L_i 为第 i 个测量截面的传力因子, t_i 为构件壁厚, w_i 为权重系数, $\sum w_i = 1, i = 1, 2, 3, 4$ 。权重系数的选取和杆件的截面形式、杆件的长度等因素有关,例如细长杆件承受拉压的能力强,可将 w_1 取值取得稍大;开口薄壁杆件承受扭转的能力较弱,可将 w_4 取值取得稍小。此外还需要根据构件的作用、功能和设计意图来确定权重系数,目前,我们主要研究宏观的力流问题,暂不考虑功能、设计意图等,各个权值因子取值相等。理论上而言,承载因子 LCF 越小,其对应的结构质量越轻,承载能力越高。

承载均匀性指标 CUC 定义为

$$CUC = (1 - D_v/\mu)$$

(6.14)

其中 $\mu = \sum_{i=1}^{n} L_i/n$,表示所有测量截面的传力因子的平均值; $D_v = \sum_{i=1}^{n} |L_i - \mu|/n$,表示相对于均值的平均绝对偏差。承载均匀性指标 CUC 越大,结构承载均匀性越好。

表 6.6 列出了骨架式车身结构优化改进前后的 LCF 和 CUC 的具体数值,可以看出优化改进后,结构的承载能力提升 18.71%,载荷分布均匀性提高 14.89%,这说明基于力流分布和力流传递的结构优化是有效可行的。

表 6.6　改进结构前后承载能力和承载均匀性对比

评价指标	优化改进前	优化改进后
LCF(N·m)	4746.17	3858.26
CUC	0.47	0.54

6.6　本章小结

本章提出一种骨架式车身结构力流试验分析方法,不同于仿真分析,该试验研究更利于评价验证。本章的主要工作如下:

(1)拟定骨架式车身结构力流测量的试验方案。结合试验提出采用相同量纲的应力成分描述力流分布,弯矩应力成分作为力流分布的主要评价依据,翘曲应力作为观测力流走向的辅助手段。

(2)采用内力矩描述力流传递,车身骨架的纵梁起到主要传递力流的作用,横梁和立柱组成了抗扭环,主要起到了分流的作用。车身的前部、中部和后部都应该有抗扭环,若某一位置抗扭环缺失,相邻位置相同走向的杆件可以承担起缺失杆件传递载荷的部分职责,但车身结构的承载能力必定变弱。

(3)基于力流分布和力流传递的结构优化可以有效改善结构的承载能力,并使载荷分布更加均匀。本书提出的传力因子对评价结构的承载能力是有效的,传力因子的大小与权重的选取密切相关,权重系数的选取有待进一步研究。

参 考 文 献

[1] 蔡珂芳.混合材料白车身轻量化多目标协同优化设计[D].长春:吉林大学,2018.

[2] 《中国公路学报》编辑部.中国汽车工程学术研究综述 2017[J].中国公路学报,2017,30(06):1-197.

[3] 余海燕,孙成智,陈关龙,等.新型骨架式轿车车身开发研究进展[J].机械设计与研究,2003(05):75-77,79.

[4] DEB A,MAHENDRAKUMAR M S,CHAVAN C,et al. Design of an aluminium-based vehicle platform for front impact safety[J]. International Journal of Impact Engineering,2004,30(8):1055-1079.

[5] NISHIWAKI S. Optimum structural topology design considering flexibility[D]. Ann Arbor:University of Michigan,1998.

[6] SALEEM F. Multiple criteria structural topology optimization for automotive structure design[D]. Ann Arbor:University of Michigan,2000.

[7] 东方网汽车[EB/OL]. http://auto.eastday.com/404.html

[8] 王登峰,李慎华.基于试验设计与 PSI 决策相结合的白车身前端结构轻量化设计[J].汽车工程,2021,43(01):121-128.

[9] 高云凯,田林雳.基于等效静态载荷法的车身碰撞拓扑优化[J].同济大学学报(自然科学版),2017,45(03):391-397.

[10] 林程,王文凯,陈潇凯.汽车车身结构与设计[M].北京:机械工业出版社,2014.

[11] HAPPIAN-SMITH J. An introduction to modern vehicle design[M]. Amsterdam:Elsevier,2001.

[12] 黄天泽,黄金陵.汽车车身结构与设计[M].北京:机械工业出版社,1997.

[13] 高云凯.汽车车身结构分析[M].北京:北京理工大学出版社,2006.

[14] 朱赤.新能源汽车底盘设计方向[J].上海汽车,2009(7):8-11.

[15] 朱剑峰,林逸,史国宏,等.实验设计与近似模型结合下的副车架结构轻量化优化[J].汽车工程,2015,37(2):247-251.

[16] PARK G J,HWANG S J,SHIN J K et al. Structural analysis and optimization of a low-speed vehicle body[J]. Proceedings of the Institution of Mechanical Engineers, Part D:Journal of Automobile Engineering,2007,221(3):313-326.

[17] CHUNG T E,LEE Y R,KIM C S,et al. Design of aluminum space frame for crashworthiness improvement(No.960167)[C]// SAE Technical Paper,1996.

[18]　钱人一. Audi A2 车身铝合金空间构架[J]. 世界汽车,2001(4):8-15.

[19]　MILLER W S,ZHUANG L,BOTTEMA J,et al. Recent development in aluminium alloys for the automotive industry[J]. Materials Science and Engineering:A,2000, 280(1):37-49.

[20]　LEITERMANN W,CHRISTLEIN J. The 2nd generation Audi space frame of the A2:A trendsetting all-aluminium car body concept in a compact class car[C]// Seoul 2000 FISITA World Automotive Congress,2000.

[21]　CHUNG T E,LEE Y R,KIM C-S. In structural design of aluminum space frame with battery tray(No. 960524)[C]// SAE Technical Paper,1996.

[22]　高云凯,姜欣,彭和东,等. 轿车车身轻量化结构[J]. 现代零部件,2004(05):34, 36,38.

[23]　徐承礼,张海涛,杨德良. 电动车车身框架:CN 2513870[P]. 2002-10-02.

[24]　BORRONI-BIRD C,SHABANA M. Chevrolet Sequel:reinventing the automobile[J]. SAE Int. J. Engines ,2008,1 (1):304-313.

[25]　ANWAR M,HAYES M,TATA A,et al. Power dense and robust traction power inverter for the second-generation chevrolet volt extended-range EV[J]. SAE Int. J. Alt. Power,2015,4 (1):145-152.

[26]　孙明阳. 汽车造型模块化设计研究[D]. 长春:吉林大学,2014.

[27]　高云凯,孟德建,姜欣. 电动改装轿车车身结构拓扑优化分析[J]. 中国机械工程, 2006,17(23):2522-2525.

[28]　高云凯,姜欣,张荣荣. 电动改装轿车车身结构优化设计分析[J]. 汽车工程,2005 (01):115-117,125.

[29]　房长江,冯敏祥,谢植州,等. 一种车身骨架:CN 201660023[P]. 2010-12-01.

[30]　SMITTY. 2013 Audi R8 e-tron HV Battery and BIW[EB/OL]. http:// www. boronextrication. com/2013/12/19/2013-audi-r8-e-tron-hv-battery- and-biw/.

[31]　范鑫. 如何打造电动超跑? 揭秘奥迪 R8 e-tron[EB/OL]. http:// www. autohome. com. cn/tech/201306/544088-all. html? pvareaid = 101380♯p2.

[32]　HASEGAWA M,TAKAGI Y. In realizing an "FCV Sedan Form" for a new Honda fuel cell vehicle (No. 2009-01-008)[C]// SAE Technical Paper,2009.

[33]　STEVENS T. Honda's Clarity Fuel Cell car goes on sale next year:we drive it in Japan. Honda's Clarity Fuel Cell car goes on sale next year.

[34]　VIEGAS K R,MUKKAMALA Y. Detail optimization of the Tesla Model S to

alleviate aero-acoustic noise and increase range[J]. International Journal of Applied Engineering Research,2016,11(9):6361-6372.

[35] PALIN R,JOHNSTON V,JOHNSON S,et al. The aerodynamic development of the Tesla Model S-Part 1:overview[R]. SAE Technical Paper,2012.

[36] BROOKE L. Engineering Tesla's 2013 Model S[A] // Magazine Feature Article 2011-08-24.

[37] BENDSOE M P, SIGMUND O. Topology optimization: theory, methods, and applications[M]. Wilmersdorf:Springer Science & Business Media,2013.

[38] FUKUSHIMA J,SUZUKI K,KIKUCHI N. In shape and topology optimization of a car body with multiple loading conditions (No. 920777)[C] // SAE Technical Paper,1992.

[39] SANDGREN E,JENSEN E. In automotive structural design employing a genetic optimization algorithm (No. 920772)[C]. // SAE Technical Paper,1992.

[40] YANG R J,CHEN C. Stress-based topology optimization[J]. Structural Optimization, 1996,12 (2-3):98-105.

[41] CHEN C-J, USMAN M, BAUER D et al. In reduction of instrument panel manufacturing cost by using design optimization (No. 982370) [C] // SAE Technical Paper,1998.

[42] SCHRAMM U,THOMAS H,ZHOU M. In manufacturing considerations and structural optimization for automotive components (No. 2002-01-1242)[C] // SAE Technical Paper,2002.

[43] GAETA A, LA MONACA A, FRASCÁ F. In a combined optimisation of automotive body joints (No. 2003-01-2797)[C] // SAE Technical Paper,2003.

[44] BINDER T,HOUGARDY P,HAFFNER P. Optimization of castings and forgings at Audi AG[J]. Simulation-das Fachmagazin fuer FEM,CFD und MKS,2003(2).

[45] 李红建,邱少波,林逸,等. 汽车车身复杂钣金件的拓扑优化设计[J]. 汽车工程, 2003,25 (3):303-306.

[46] MA Z D,KIKUCHI N,PIERRE C,et al. In multi-domain topology optimization for vehicle substructure design[C] // American Society of Mechanical Engineers ASME 2002 International Mechanical Engineering Congress and Exposition,2002.

[47] MA Z D,WANG H,KIKUCHI N,et al. In substructure design using a multi-domain multi-step topology optimization approach (No. 2003-01-1303)[C] // SAE Technical Paper ,2003.

[48] QI C,MA Z D,KIKUCHI N,et al. In a magic cube approach for crashworthiness

design (No. 2006-01-0671) [C]// SAE Technical Paper,2006.

[49] WANG H,MA Z D,KIKUCHI N,et al. In numerical and experimental verification of optimum design obtained from topology optimization (No. 2003-01-1333)[C]// SAE Technical Paper,2003.

[50] WANG H, MA Z D, KIKUCHI N, et al. In multi-domain multi-step topology optimization for vehicle structure crashworthiness design (No. 2004-01-1173) [C]// SAE Technical Paper ,2004.

[51] FREDRICSON H,JOHANSEN T,KLARBRING A,et al. Topology optimization of frame structures with flexible joints [J]. Structural and Multidisciplinary Optimization,2003,25 (3):199-214.

[52] FREDRICSON H. Structural topology optimisation: an application review[J]. International Journal of Vehicle Design,2005,37 (1):67-80.

[53] FREDRICSON H. Topology optimization of frame structures—joint penalty and material selection[J]. Structural and Multidisciplinary Optimization,2005,30 (3): 193-200.

[54] 杨志军,吴晓明,陈塑寰,等.多工况约束下客车顶棚拓扑优化[J].吉林大学学报: 工学版,2006,36 (B03):12-15.

[55] 高云凯,孙芳,程金山,等.轿车前舱结构性能综合优化[J].中国机械工程,2010 (4):394-399.

[56] 高云凯,邵力行,张海华.微型电动车非承载式车身轻量化研究[J].汽车工程, 2008,30 (9):808-810.

[57] 高云凯,江峰,姜欣,等.镁合金微型电动车车架开发[J].中国机械工程,2006,17 (增刊):404-407.

[58] 高云凯,周晓燕,余海燕.城市公交客车车身结构拓扑优化设计[J].公路交通科 技,2010, 27 (9):154-157.

[59] 高云凯,王婧人,汪翼.基于正交试验的大型客车车身结构多工况拓扑优化研究 [J].汽车技术,2011 (11):16-19.

[60] YAMAMOTO T,MARUYAMA S,YAMADA H,et al. In feasibility study of a new optimization technique for the vehicle body structure in the initial phase of the design process (No. 2007-01-2344)[C]// SAE Technical Paper,2007.

[61] QIN W J,ZHENG W. In rigidity and strength analysis and structure optimization of one electric tractor's frame based on FEA (No. 2007-01-4288) [C]// SAE Technical Paper,2007.

[62] PYDIMARRY K K, MOZUMDER C K, PATEL N M, et al. Synthesis of a

dynamically loaded structure with topology optimization[J]. SAE Int. J. Passeng. Cars-Mech. Syst. ,2009,2 (1):1143-1150.

[63] YAMAGUCHI A,WAKANA G,OBAYASHI K,et al. In spot-weld layout optimization for body stiffness by topology optimization （No. 2008-01-0878） [C]// SAE Technical Paper,2008.

[64] HONGWEI Z, XIAOKAI C, YI L. In topology optimization of hybrid electric vehicle frame using multi-loading cases optimization （No. 2008-01-1734） [C]// SAE Technical Paper,2008.

[65] LAXMAN S, IYENGAR R M, Morgans S, et al. In Harnessing structural optimization techniques for developing efficient light-weight vehicles （No. 2009-01-1234) [C]//SAE Technical Paper,2009.

[66] 扶原放,金达锋,乔蔚炜.多工况下微型电动车车身结构拓扑优化设计[J].机械设计,2010,27 (2):77-80.

[67] 张鹏飞,董瑞强.拓扑优化在白车身概念设计中的应用[J].汽车技术,2010(7):55-58.

[68] CAVAZZUTI M, BALDINI A, BERTOCCHI E et al. High performance automotive chassis design：a topology optimization based approach [J]. Structural and Multidisciplinary Optimization,2011,44 (1):45-56.

[69] CALVO ALFARO P R,VELÁZQUEZ VILLEGAS F,ZEPEDA SÁNCHEZ A,et al. In topological design approach for an electrical car chassis (No. 2011-01-0069) [C]// SAE Technical Paper,2011.

[70] 陈勇敢,毕传兴,张永斌,等.拓扑优化在某 SRV 白车身焊点缩减中的应用[J].汽车工程,2011,33(8):733-737.

[71] 张守元,张义民.焊点拓扑优化提高车身性能研究[J].汽车技术,2011(4):57-60.

[72] CHRISTENSEN J, BASTIEN C, BLUNDELL M. Effects of roof crush loading scenario upon body in white using topology optimisation[J]. International Journal of Crashworthiness,2012,17 (1):29-38.

[73] CHRISTENSEN J, BASTIEN C, BLUNDELL M, et al. Lightweight hybrid electrical vehicle structural topology optimisation investigation focusing on crashworthiness [J]. Int. J. Vehicle Structures & Systems,2011,3 (2):113-122.

[74] CHRISTENSEN J, BASTIEN C, BLUNDELL M, et al. Buckling considerations and cross-sectional geometry development for topology optimised body in white [J]. International Journal of Vehicle Structures & Systems,2013,18 (4):319-330.

[75] 吴道俊,钱立军,祝安定,等.基于疲劳寿命的车架支架结构优化[J].汽车工程,

2013,35 (10):863-867.

[76] KOSAR F,YEGIN M B,DOGRU O,et al. In fatigue based optimization of cast iron bracket depending on proving ground data (No. 2014-01-2309)[C] // SAE Technical Paper,2014.

[77] 兰凤崇,赖番结,陈吉清,等.考虑动态特性的多工况车身结构拓扑优化研究[J]. 机械工程学报,2014,50 (20):122-128.

[78] ZHOU G,LI G,CHENG A,et al. In the lightweight of auto body based on topology optimization and sensitivity analysis (No. 2015-01-1367)[C] // SAE Technical Paper,2015.

[79] JAIN A. In design of an aluminum alloy swing arm and its weight minimization using topology optimization (No. 2015-01-1356)[C] // SAE Technical Paper,2015.

[80] EBRAHIMI M,BEHDINAN K. In a novel approach for design and optimization of automotive aluminum cross-car beam assemblies (No. 2015-01-1370)[C] // SAE Technical Paper,2015.

[81] LI C,KIM I Y. Topology,size and shape optimization of an automotive cross car beam[J]. Proceedings of the Institution of Mechanical Engineers,Part D:Journal of Automobile Engineering,2015,229 (10):1361-1378.

[82] 王国春,段利斌,陈自凯,等.基于渐进空间拓扑优化技术的白车身传力路径规划 方法[J].中国机械工程,2015,26 (20):2827-2834.

[83] 雷正保,李铁侠,王瑞.纯电动汽车车身多目标拓扑优化设计[J].大连理工大学学 报,2015,55 (5):484-491.

[84] MEHTA P S,SOLIS OCAMPO J,TOVAR A,et al. In bio-inspired design of lightweight and protective structures (No. 2016-01-0396)[C] // SAE Technical Paper,2016.

[85] 曹立波,宋慧斌,武和全,等.基于拓扑优化的汽车前纵梁耐撞性设计[J].中国机 械工程,2016,27 (06):827-832.

[86] PEDERSEN C B W. Topology optimization design of crushed 2D-frames for desired energy absorption history[J]. Structural and Multidisciplinary Optimization,2003, 25 (5-6):368-382.

[87] PEDERSEN C B W. Crashworthiness design of transient frame structures using topology optimization [J]. Computer Methods in Applied Mechanics and Engineering,2004,193 (6-8):653-678.

[88] NELSON M F,WOLF J A. In the use of inertia relief to estimate impact loads (No. 770604)[C] // SAE Technical Paper,1977.

[89]　QUINN G C. In full automobile topology design optimized to maximize structural stiffness subject to multiple static load cases including inertial relief[C]. 2010.

[90]　TOVAR A E. Bone remodeling as a hybrid cellular automaton optimization process [D]. South Bend:University of Notre Dame,M1 - PH. D,2004.

[91]　TOVAR A S,PATEL N M,Niebur G L,et al. Topology optimization using a hybrid cellular automaton method with local control rules [J]. Journal of Mechanical Design,2006,128 (6):1205.

[92]　PATEL N M. Crashworthiness design using topology optimization[D]. South Bend:University of Notre Dame,M1 - PH. D,2007.

[93]　PATEL N M,KANG B-S,RENAUD J E,et al. Crashworthiness design using topology optimization[J]. Journal of Mechanical Design,2009,131 (6):061013

[94]　Livermore Software Technology Corporation. A topology and shape computations for LS-Dyna,User's Manual[Z]. 2003.

[95]　雷正保,李铁侠,王瑞. 纯电动汽车车身多目标拓扑优化设计[J]. 大连理工大学学报,2015,55(5):484-491.

[96]　高云凯,张玉婷,方剑光,等. 基于混合元胞自动机的铝合金保险杠横梁设计[J]. 同济大学学报(自然科学版),2015,43(03):456-461.

[97]　聂昕,黄鹏冲,陈涛,等. 基于耐撞性拓扑优化的汽车关键安全件设计[J]. 中国机械工程,2013,24(23):3260-3265.

[98]　KANG B S ,CHOI W S ,PARK G J. Structural optimization under equivalent static loads transformed from dynamic loads based on displacement[J]. Computers & Structures,2001,79(2):145-154.

[99]　CHOI W S,PARK G J. Structural optimization using equivalent static loads at all time intervals[J]. Computer Methods in Applied Mechanics and Engineering,2002, 191 (19):2105-2122.

[100]　SHIN M K,PARK K J,PARK G J. Optimization of structures with nonlinear behavior using equivalent loads[J]. Computer Methods in Applied Mechanics and Engineering ,2007,196 (4-6): 1154-1167.

[101]　KIM Y I,PARK G J. Nonlinear dynamic response structural optimization using equivalent static loads [J]. Computer Methods in Applied Mechanics and Engineering, 2010,199 (9-12):660-676.

[102]　JANG H H,LEE H A,LEE J Y,et al. Dynamic response topology optimization in the time domain using equivalent static loads[J]. AIAA Journal, 2012, 50 (1): 226-234.

[103] LEE H A,PARK G J. Nonlinear dynamic response topology optimization using the equivalent static loads method[J]. Computer Methods in Applied Mechanics and Engineering, 2015,283: 956-970.

[104] LEE H A,PARK G J. Topology optimization for structures with nonlinear behavior using the equivalent static loads method[J]. Journal of Mechanical Design,2012, 134 (3): 031004.

[105] MOTAMARRI P,RAMANI A,KAUSHIK A. Structural topology synthesis with dynamics and nonlinearities using equivalent linear systems[J]. Structural and Multidisciplinary Optimization, 2012, 45 (4): 545-558.

[106] KAUSHIK A,RAMANI A. Topology optimization for nonlinear dynamic problems: Considerations for automotive crashworthiness [J]. Engineering Optimization, 2013,46 (4):487-502.

[107] LI M,TANG W,YUAN M. Structural dynamic topology optimization based on dynamic reliability using equivalent static loads [J]. Structural and Multidisciplinary Optimization,2014,49 (1):121-129.

[108] PARK G. J. Technical overview of the equivalent static loads method for non-linear static response structural optimization[J]. Structural and Multidisciplinary Optimization ,2011,43 (3):319-337.

[109] PARK G J,KANG B S. Validation of a structural optimization algorithm transforming dynamic loads into equivalent static loads[J]. Journal of Optimization Theory and Applications, 2003,118 (1): 191-200.

[110] PAN F,HU R,ADDURI P,et al. Nonlinear crashworthiness optimization integrated with LS-DYNA and equivalent static load method[C] // 1 st China LS-DYNA Users Conference,2013.

[111] MARHADI K,VENKATARAMAN S. Comparison of quantitative and qualitative information provided by different structural load path definitions[J]. International Journal for Simulation and Multidisciplinary Design Optimization,2009,3 (3): 384-400.

[112] BURR A H,CHEATHAM J B. Mechanical analysis and design[M]. New Jersey:Prentice Hall,1995.

[113] JUVINALL R C ,MARSHEK K M. Fundamentals of machine component design [M]. New York:John Wiley & Sons,1991.

[114] REID J D,SHEH M Y. Load path analysis in vehicle crashworthiness[J]. ASME Applied Mechanics Division-Publications-AMD,1993,169:97.

[115]　陈贻伍.力流法及其在机械设计中的应用[J].中国有色金属学报,1994,94 (2):
　　　　94-96.

[116]　SHINOBU M,OKAMOTO D,ITO S,et al. Transferred load and its course in
　　　　passenger car bodies[J]. JSAE Review,1995,16 (2):145-150.

[117]　KELLY D,ELSLEY M. A procedure for determining load paths in elastic continua[J].
　　　　Engineering Computations,1995,12 (5):415-424.

[118]　THAMM F. The role of the stress trajectories as an aid in the choice of the suitable
　　　　shape of load-bearing structural elements of engines and structure[J]. Mechanical
　　　　Engineering,2000,44 (1):171-183.

[119]　KELLY D,TOSH M. Interpreting load paths and stress trajectories in elasticity
　　　　[J]. Engineering Computations,2000,17 (2):117-135.

[120]　KELLY D,HSU P,ASUDULLAH M. Load paths and load flow in finite element
　　　　analysis[J]. Engineering Computations,2001,18 (1/2):304-313.

[121]　KELLY D,REIDSEMA C A,LEE M C. An algorithm for defining load paths and
　　　　a load bearing topology in finite element analysis[J]. Engineering Computations,
　　　　2011,28 (2):196-214.

[122]　HARASAKI H,ARORA J. A new class of evolutionary methods based on the
　　　　concept of transferred force for structural design [J]. Structural and
　　　　Multidisciplinary Optimization,2001,22 (1):35-56.

[123]　HARASAKI H,ARORA J. Topology design based on transferred and potential
　　　　transferred forces[J]. Structural and Multidisciplinary Optimization, 2002, 23
　　　　(5):372-381.

[124]　HARASAKI H,ARORA J S. New concepts of transferred and potential transferred
　　　　forces in structures[J]. Computer Methods in Applied Mechanics and Engineering,
　　　　2001,191 (3):385-406.

[125]　HOSHINO H,SAKURAI T,TAKAHASHI K. Vibration reduction in the cabins of
　　　　heavy-duty trucks using the theory of load transfer paths[J]. JSAE Review,2003,
　　　　24 (2):165-171.

[126]　OKANO Y,MATSUNAGA T,MARUYAMA S, et al. In load path analysis of
　　　　vehicle body structures under eigenmode deformation of bending vibration (No.
　　　　2009-01-0770)[C]// SAE Technical Paper,2009.

[127]　高云凯,李翠,崔玲,等.力流分析法在大型客车车身结构分析上的应用[J].汽车
　　　　技术, 2009(12):8-11.

[128]　那景新,何洪军,闫亚坤,等.基于构件内力优化的车身结构轻量化设计[J].吉林

大学学报：工学版，2010(6)：1492-1496.

[129] WANG E，YOSHIKUNI Y，GUO Q，et al. Load transfer in truck cab structures under initial phase of frontal collision[J]. International Journal of Vehicle Structures & Systems,2010,2(2):60-68.

[130] WANG E Y，NOHARA T，ISHII H，et al. In load transfer analysis using indexes U* and U** for truck cab structures in initial phase of frontal collision[C]// Advanced Materials Research. Trans Tech Publications,2011,156:1129-1140.

[131] 高云凯,邓继涛,田林雳,等. 电动轿车车身骨架多工况力流分析[J]. 机械设计，2015,32(3):23-28.

[132] DUDDECK F，HUNKELER S，LOZANO P，et al. Topology optimization for crashworthiness of thin-walled structures under axial impact using hybrid cellular automata[J]. Structural and Multidisciplinary Optimization, 2016, 54 (3): 415-428.

[133] 曹立波,宋慧斌,武和全,等. 基于拓扑优化的汽车前纵梁耐撞性设计[J]. 中国机械工程,2016,27(06):827-832.

[134] GAO Y，MA C，TIAN L. Bi-directional evolutionary structural optimization for crash worthiness structures [R]. SAE Technical Paper,2020.

[135] BASKIN D M，REED D B，SEEL T N，et al. In a case study in structural optimization of an automotive body-in-white design[C] // SAE International 2008-01-0880,2008.

[136] 范文杰,范子杰,苏瑞意. 汽车车架结构多目标拓扑优化方法研究[J]. 中国机械工程,2008 (12):1505-1508.

[137] MARLER R T，ARORA J S. Survey of multi-objective optimization methods for engineering[J]. Structural and Multidisciplinary Optimization, 2004, 26 (6): 369-395.

[138] 全国汽车标准化技术委员会. 乘用车正面碰撞的乘员保护：GB 11551—2014[S]. 北京：中国标准出版社,2014.

[139] 全国汽车标准化技术委员会. 汽车侧面碰撞的乘员保护：GB 20071—2006 [S]. 北京：中国标准出版社,2006.

[140] 全国汽车标准化技术委员会. 乘用车顶部抗压强度：GB 26134-2010 [S]. 北京：中国标准出版社,2010.

[141] 全国汽车标准化技术委员会. 乘用车后碰撞燃油系统安全要求：GB 20072—2006 [S]. 北京：中国标准出版社,2006.

[142] MAO M，CHIRWA E C，CHEN T，et al. Static and dynamic roof crush simulation

using LS-DYNA 3D[J]. International Journal of Crashworthiness,2004,9(5):495-504.

[143] CHEN T, CHIRWA E C, MAO M,et al. Rollover far side roof strength test and simulation[J]. International Journal of Crashworthiness,2007,12(1):29-39.

[144] 刘鸿文.材料力学[M].北京:高等教育出版社,1992.

[145] 陈伯真.薄壁结构力学[M].上海:上海交通大学出版社,1988.

[146] Livermore Software Technology Corporation. LS-DYNA theoretical manual[Z]. 1998.

[147] CRISFIELD M A. A consistent co-rotational formulation for non-linear,three-dimensional,beam-elements[J]. Computer Methods in Applied Mechanics and Engineering,1990,81(2):131-150.

[148] Livermore Software Technology Corporation. LS-DYNA keyword user's manual [Z]. 2003.

[149] 高云凯,吴锦妍,孙芳,等.轿车车身概念设计阶段采用梁板混合模型的正面耐撞性仿真研究[J].汽车工程,2011,33(8):657-663.

[150] 常伟波,张维刚,谢伦杰,等. 概念设计阶段薄壁直梁的耐撞性优化[J]. 汽车工程,2013,35(2):147-151.

[151] KECMAN D. Bending collapse of rectangular and square section tubes[J]. International Journal of Mechanical Sciences,1983,25(9):623-636.

[152] KHALKHALI A,MASOUMI A,DARVIZEH A,et al. Experimental and numerical investigation into the quasi-static crushing behaviour of the S-shape square tubes [J]. Journal of Mechanics,2011,27(04):585-596.

[153] KOMAROV V A,WEISSHAAR T A. New approach to improving the aircraft structural design process [J]. Journal of Aircraft,2002,39(2):227-233.

[154] CHRISTIANSEN J. The uniformity of application of water by sprinkler systems [J]. Agricultural Engineering,1941,22(3):89-92.

[155] MARHADI K S,VENKATARAMAN S,WONG S A. Load redistribution mechanism in damage tolerant and redundant truss structure [J]. Structural and Multidisciplinary Optimization,2011,44(2):213-233.

附录 A 侧碰工况不同简化方案的变形时序图

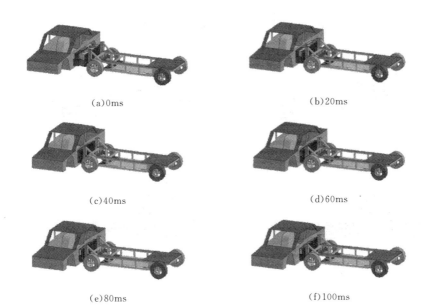

(a)0ms   (b)20ms

(c)40ms   (d)60ms

(e)80ms   (f)100ms

图 A.1 分析模型一的碰撞变形时序图

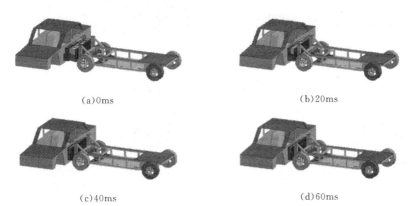

(a)0ms   (b)20ms

(c)40ms   (d)60ms

(e)80ms　　　　　　　　　　　　(f)100ms

图 A.2　分析模型二的碰撞变形时序图

(a)0ms　　　　　　　　　　　　(b)20ms

(c)40ms　　　　　　　　　　　　(d)60ms

(e)80ms　　　　　　　　　　　　(f)100ms

图 A.3　分析模型三的碰撞变形时序图

(a)0ms　　　　　　　　　　　　(b)20ms

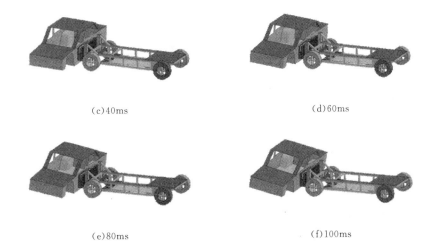

（c）40ms　　　　　　　　　　　　　　（d）60ms

（e）80ms　　　　　　　　　　　　　　（f）100ms

图 A.4　分析模型四的碰撞变形时序图

附录B　车身骨架的杆件长度及截面类型

（单位：mm）

编号	杆件名称	杆件长度	杆件方向	截面类型（$b \times h \times t$）
1、2	前舱纵梁	1115	X	50×50×2.5
3、4	前轮罩前立柱	301	Z	30×30×2.5
5、6	前轮塔形支撑前立柱	393	Z	30×30×2.5
7、8	前轮塔形支撑后立柱	405	Z	30×30×2.5
9、10	前轮罩后立柱	460	Z	30×30×2.5
11、12	前舱下短横梁	267	Y	50×50×2.5
13	前轮塔形支撑后横梁	1222	Y	30×30×2.5
14	地板横梁1	977	Y	50×70×2.5
15、16-A	地板内侧纵梁1	1350	X	50×70×2.5
15、16-B	地板内侧纵梁2	140	X	50×70×2.5
15、16-C	地板内侧纵梁3	512	X	50×70×2.5
15、16-D	地板内侧纵梁4	336	X	50×70×2.5
15、16-E	地板内侧纵梁5	404	X	50×70×2.5
15、16-F	地板内侧纵梁6	432	X	50×70×2.5
17、18-A	地板前部短斜梁	243	X	50×70×2.5
17、18-B	地板外侧纵梁1	984	X	50×70×2.5
17、18-C	地板外侧纵梁2	245	X	50×70×2.5
17、18-D	地板外侧纵梁3	140	X	50×70×2.5
17、18-E	地板外侧纵梁4	424	X	50×70×2.5
17、18-F	地板后部短斜梁	271	X	50×70×2.5
19、20	后轮罩前立柱	329	Z	30×30×2.5
21、22	后轮罩中立柱	418	Z	30×30×2.5
23、24	后轮罩后立柱	346	Z	30×30×2.5

续表

编号	杆件名称	杆件长度	杆件方向	截面类型($b \times h \times t$)
25	地板横梁2	1399	Y	50×70×2.5
26	地板横梁3	887	Y	50×70×2.5
27	地板横梁4	1400	Y	50×70×2.5
28	后轮地板短横梁	224	Y	30×30×2.5
29、30	A柱下立柱	649	Z	45×75×2.5
31、32	B柱下立柱	507	Z	40×50×2.5
33、34	B柱上立柱	579	Z	40×50×2.5
35、36	C柱下立柱	569	Z	40×50×2.5
37、38	C柱上立柱	562	Z	40×50×2.5
39、40-A	A柱	787	X	圆管
39、40-B	顶盖纵梁1	463	X	圆管
39、40-C	顶盖纵梁2	663	X	圆管
39、40-D	顶盖纵梁3	934	X	圆管
41	前挡风玻璃下横梁	1496	Y	圆管
42	顶盖横梁1	1083	Y	圆管
43	顶盖横梁2	1052	Y	圆管
44	顶盖横梁3	1067	Y	圆管
45、46	前舱盖纵梁	1150	X	圆管
47、48	前轮塔形支撑前横梁	252	X	30×30×2.5
49、50	前舱盖短斜梁	385	XZ	25×38×2.5
51、52	前轮塔形支撑短纵梁	246	Y	30×30×2.5
53、54-A	行李舱水平梁	1223	Y	30×30×2.5
53、54-B	行李舱竖梁	590	Z	30×30×2.5
55、56	后轮塔形支撑前横梁	215	Y	30×30×2.5
57、58	后轮塔形支撑后横梁	215	Y	30×30×2.5
59、60	后轮塔形支撑短纵梁	230	X	30×30×2.5
61	前舱盖前横梁	1351	Y	20×45×2.5

注:圆管的内径为22.5mm,外径为25mm。